AF385095

DE L'INFLUENCE MORALE DE LA LITTÉRATURE

SUR LA SOCIÉTÉ

DE LA SOCIÉTÉ SUR LA LITTÉRATURE.

LECTURE

FAITE LE 20 AOUT 1861,

A la séance du Mauritius Young Men's Association

PAR

M. H. MAGNY FILS.

DÉDIÉE

A Son Excellence le Gouverneur
WILLIAM STEVENSON, Esquire. C. B.

IMPRIMERIE DE LA "SENTINELLE DE MAURICE."

1861.

Offert par l'auteur

[signature]

Rédacteur en Chef du

Courrier de St Pierre

St Pierre, Réunion

Le 3 Juin 1862

Utile Dulci.

Voici une œuvre de mérite qui sera lue sans
nul doute par les amis des lettres avec autant de
plaisir que de profit : elle est due à la plume
élégante et facile d'une jeune et riche intelligence, M. Magny, un des fils distingués de l'ile-
sœur, et qui suit parmi nous la rude et épineuse
carrière du professorat. L'Institution de la " Société des Jeunes Gens" (*Young Men's Association*)
le compte dans cette noble et laborieuse phalange
littéraire qui a pour but le progrès intellectuel
et moral de la jeunesse, et pour moyen un échange mutuel des fruits précieux de l'étude qui servent si puissamment à polir et à fortifier l'esprit,
à purifier et à élever l'âme.

La séance dans laquelle M. Magny a fait sa
lecture est une de celles qui contribuent le plus
à recommander à la sympathie, nous pouvons
dire à l'admiration publique, cette utile et inté-
ressante Société. Malheureusement, ceux de ses
membres qui ont déjà déposé dans son sein leur
part du tribut commun, se sont, nous ne savons
pour quelle cause regrettable, abstenus de mettre
à exécution l'heureuse idée que M. Magny vient
de réaliser.

Par l'intérêt toujours soutenu du sujet, le char-
me entraînant du style et l'élévation de la pensée,

la modeste petite brochure qui se livre dans toute
la simplicité de sa forme à la publicité, méritait
bien, on le reconnaîtra, que nous missions en tête
de cette introduction la devise qui résume nos
propres impressions, qui seront sûrement aussi
celles de tous les amateurs de la belle littérature :
utile dulci.

Notre intention n'est pas de suivre l'auteur à
travers le cours des siècles, pour sonder par l'a-
nalyse la profondeur et l'exactitude de ses aperçus. Nous craindrions de ne pouvoir tout saisir,
tout faire apprécier.

La tâche que nous nous sommes proposée est
plus facile ; elle se borne purement à saluer la
bien-venue, dans le domaine public, d'une œuvre
locale d'une valeur réelle, et à recommander à
l'attention des jeunes et fécondes intelligences
créoles, l'exemple encourageant et louable de
M. Magny.

Tendre une main fraternelle à un digne com-
patriote des Parny, des Bertin, des Dayot, des
Leconte de Lile. des Lacaussade, des Azéma, des
St-Amand, c'était pour nous un devoir et un
bonheur ; et en cédant à l'attrait de ce double
sentiment, nous avons simplement obéi à une
inspiration du cœur.

Lisis Letord.

———

A Son Excellence

WILLIAM STEVENSON, Esquire,

Compagnon du Très-Honorable Ordre du Bain,
Gouverneur et Commandant en Chef de
l'île Maurice et de ses Dépendances, &c.,
&c., &c., et Patron de The Mauritius
Young Men's Association.

Excellence,

Le remarquable discours que vous avez prononcé le **16 Mai 1861**, à la *Réunion Annuelle de
l'Association des Jeunes Gens de Maurice*, m'a
inspiré l'idée de me faire admettre au nombre
des Membres de cette Société distinguée.

J'ai pris alors la résolution de choisir un sujet,
et celui que j'ai voulu traiter, dans une lecture, a
été l'*Influence Morale de la Littérature sur la Société*, et de la *Société sur la Littérature*.

Le temps limité pour ma lecture ne m'a pas
permis de donner mon travail tout entier dans
une seule séance ; aussi j'en ai remis la deuxième
Partie à une réunion prochaine.

C'est vous, Excellence, qui avez seul droit à
la dédicace de cet ouvrage, ca votre éloquent
plaidoyer en faveur de l'activité intellectuelle de
l'homme, m'a entrainé à l'ambitieux désir d'être
reçu au sein de la Société des Jeunes Gens, et
l'Administrateur habile et dévoué, qui ne dédaigne pas les nobles délassements de la littérature
dans les loisirs de sa vie publique, accueillera
peut-être avec une indulgence bienveillante l'offre
d'une œuvre bien imparfaite, mais entreprise
avec conscience, sinon avec succès.

Je suis, avec le plus profond respect,

De Votre Excellence,

Le très-humble et très-obéissant Serviteur,

Hy. Magny.

Port-Louis, le 27 Août 1861,

EMINENCE, MESSIEURS,

Admis à l'honneur de faire partie de la Société des Jeunes Gens, je sens, plus en ce moment qu'en tout autre, le poids des obligations que m'impose son accueil bienveillant. En présence de tous les brillants orateurs, de tous les penseurs profonds qui m'ont précédé dans cette chaire, je ne puis retenir mon émotion, et c'est en vain que je rappelle à moi les souvenirs de quelques faibles études, pour ne pas enlever à cette réunion distinguée l'intérêt habituel qu'ont su lui prêter tant d'habiles devanciers.

Mais l'indulgence de mes auditeurs, que j'invoque pour un début, me permettra d'accomplir la tâche qui m'a été ce soir dévolue, et de leur soumettre le fruit de mes observations sur le sujet que j'ai choisi.

Frappé de la condition des Lettres dans ces derniers temps, j'ai fait un retour sur la position sociale qu'elles occupaient autrefois, et le cours de mes réflexions m'a fait entrevoir un sujet assez neuf de considérations étendues, que j'ai pris pour le texte de cette lecture.

Examiner quel était dans l'antiquité, le rôle moral de l'écrivain, vous le montrer aux prises avec les préjugés et l'ignorance du Moyen-Age, avant la découverte de l'Imprimerie ; puis, lorsque cette divine invention aura fait surgir un nouvel, un large horizon, pour l'idée humaine, considérer la mission qui sera alors réservée à l'homme de lettres, en l'amenant, de siècle en siècle, jusqu'à nos jours, telle eût été, Messieurs, la route que j'aurais voulu ce soir parcourir.

Mais ce vaste programme eût dépassé les limites du temps fixé pour ma lecture. Aussi ai-je été obligé de diviser mon travail en deux parties, la première, que je vais ce soir consacrer à l'examen de l'influence morale que doivent se proposer l'Histoire, la Philosophie et la Littérature ; la seconde, que je me réserve de vous offrir dans une séance ultérieure, et qui roulera sur l'influence sociale que les écrivains anciens et modernes ont exercé sur leurs contemporains.

Dans cette première partie, si nous admettons en principe l'influence de l'écrivain sur la société, nous aurons souvent à constater, dans la deuxième partie, l'influence de la société sur l'écrivain.

Mais nous proclamerons une grande vérité acquise, c'est que les Lettres n'ont jamais seules causé, par leurs séductions perverses, la dissolution d'une société, malgré leur regrettable relâchement à certaines dates fatales dans la vie des peuples. Et l'honneur d'avoir retiré des bords de l'abîme des sociétés, dont le courage affaibli avait besoin d'être relevé, l'honneur d'avoir lutté contre les défaillances de la patrie, aux temps des grands désastres, d'avoir ranimé la foi dans l'avenir, d'avoir arraché le sceptre et la couronne au vice et au crime triomphants, l'honneur d'avoir exalté le courage civique, ou bien ravivé le courage militaire, cet insigne honneur appartient tout entier aux penseurs de tous les temps et de tous pays, et, vous avez tous intérieurement prononcé ce mot prestigieux, surtout depuis que la plus communicative expression de la pensée humaine, la Presse, est venue, comme un Soleil éclatant, répandre ses flots de lumière sur le monde intellectuel.

On a souvent dit — et pour beaucoup c'est un axiôme :—la littérature est le fidèle reflet de la Société. Je trouve cette assertion téméraire et inexacte, car elle assimile l'idée émise et publiée à un miroir servile qui réfléchirait sans altération l'esprit d'une époque. Toute originalité est enlevée à l'écrivain, si toute initiative lui est interdite. Calquer froidement ce qui frappe ses regards, et s'imprégner des mœurs qui l'entourent, est-ce là une honorable fonction pour la littérature? Doit-elle seulement reproduire des impressions? Aucune impulsion n'entre-t-elle donc dans son rôle?

Je tâcherai de vous démontrer, dans ma seconde lecture, toute l'imprudence de cette opinion, qui pour tant de personnes, est un article de foi. Je n'aurai qu'à ouvrir l'histoire des Lettres, pour combattre cette assertion, dans ce qu'elle a de tranchant et d'absolu.

Avant de faire une étude particulière de la physionomie que l'écrivain doit conserver dans chaque genre, et de celle qu'il a tenue devant chaque époque, avec le cachet spécial que cette époque a pu imprimer sur ses œuvres, je crois utile, Messieurs, d'entrer résolûment dans le cœur de la question, en arrêtant votre attention sur un mot, dont l'apparence banale n'a pas découragé mes réflexions. Ce mot, c'est le *Livre*, considéré dans un sens général, abstraction faite de toute spécialité et de toute actualité

Après un court aperçu sur ce mot éloquent, vous me permettrez de vous faire un précis rapide des phases agitées que l'intelligence humaine a traversées depuis les temps anciens jusqu'à nos jours.

Ce n'est qu'à la suite de cette double étude, que je vous exposerai la *Première partie* de mon travail, qui s'occupe de *la Morale*, *de l'Histoire*, *de la Philosophie et de la Littérature*.

1ère Considération.

Nous commencerons par nous demander : Qu'est-ce qu'un Livre ? Un Livre est un témoin éloquent, un contemporain toujours vivant des siècles écoulés, le faisceau harmonieux des pensées d'un grand homme, et le dépôt des actions marquées d'un sceau de distinction, qu'il conserve pour la postérité. Les héros et les poètes se prêtent un mutuel secours, Achille fait chanter Homère, mais Homère le fait vivre à tout jamais par ses chants. Quelle vaste puissance l'homme de lettres ne perdrait-il pas, s'il ne laissait, au moyen de caractères impérissables, un long souvenir de sa grandeur éteinte ? C'est ainsi que l'expérience du passé, peut servir de leçon à l'avenir ; mais, comment, me direz vous, les mêmes faits se reproduisent-ils au fond, dans l'histoire des peuples ? Pourquoi n'ont-ils pas consulté les archives du passé, et voyant les mêmes causes et les mêmes effets, conjuré, par une sage abstention, les inévitables malheurs que des germes semblables ont produits ?.. C'est demander pourquoi l'homme est un être passionné, les gouvernants, despotes par tendances, les gouvernés, rebelles par désespoir.

Quoi qu'il en soit, il fut trouvé, ce grand secret de l'Immortalité intellectuelle, que, dans les temps antiques, tant de belles âmes avaient rêvé, mais que leur ont ravi l'impuissance de leur époque, où tout était encore à l'état natif, et ces bouleversements imprévus, qui devaient plonger dans l'abîme de la barbarie, des pays déjà dévorés par une civilisation corruptrice... Guttemberg étendit les limites de notre empire idéal, en burinant sur du papier tout ce qu'il y a de céleste en nous... La pensée imprimée, l'impression reliée, n'ont plus à redouter l'anéantissement, et c'est au moins une consolation qui peut adoucir les derniers moments d'un écrivain de génie, que la certitude de l'éternité acquise à ses œuvres, et de l'illumination splendide que sa pensée impérissable répandra sur les intelligences de l'avenir. Mais aussi, à quelles conditions un ouvrage vivra-t-il d'une jeunesse toujours verte? S'il est moral et s'il est bien écrit! Les productions du cynisme, recherchées par quelques *amateurs* dépravés, ne peuvent subsister longtemps ; elles ont contre elles, l'indignation d'un public honnête, la poursuite persévérante des écrivains qui tiennent leur profession à honneur, quelquefois le gouvernement,et toujours la religion. D'un autre côté, si un recueil de pensées, dont l'enchaînement rigoureux satisfait pleinement ce que les Grecs appelaient *logos*, est écrit avec négligence, si la langue n'y est pas respectée, si le goût y est blessé complètement, si aucun ordre ne règne dans l'agencement des phrases, si l'harmonie du style est sacrifiée au nerf de l'argumentation, cet ouvrage, condamné par les Académies, dépositaires de la pureté du langage, périra sans aucun doute. C'est là une vérité profonde que Buffon a fait ressortir dans son *discours sur le style,* lors de sa réception à l'Académie française.

Il est à remarquer que les œuvres le plus favorablement accueillies dès leur apparition, ne sont pas celles qui ont occupé plus tard le siège le plus élevé dans l'opinion publique. Les cabales, l'intrigue, la protection des personnages influents par leur fortune et par leur position, beaucoup de clinquant, un style sonore, mais vide, ont pu faire proclamer des poëmes ridicules, et des tragédies sans mérite. Mais c'est alors qu'arrive un redresseur de torts, le fouet de la critique en main, il fustige ces écrits usurpateurs, et les fait bien vîte descendre du trône, où s'épanouissait leur orgueil de parvenus. Boileau, un des esprits les mieux façonnés par la satire qu'on ait jamais vus, encourage, relève, ranime Racine abattu par le triomphe de la Phèdre de Pradon, et lui annonce le retour assuré de la faveur publique. M. de Fontanes, adresse à M. de Chateaubriand, dont tout le monde repoussait les Martyrs, cette ode sublime, où, pour le fortifier contre d'injustes dédains, il évoque de grands noms, tous admirés de notre âge, mais dont la vie n'a été qu'une longue suite d'épreuves et de combats ; le Tasse, Camoëns, Cervantes, cette vaillante phalange de poëtes et d'artistes, qui n'eurent de leur vivant, ni famille, ni patrie, ni gîte, ni pain assurés O poëte persécuté, tes vers mélodieux seront redits par la jeunesse intelligente, qui viendra, si l'âpreté du gain ne l'a pas ternie, s'agenouiller plus tard au pied de ton tombeau ; ô philosophe, de graves esprits renouvelleront plus tard avec toi de sublimes entretiens ; ô moraliste, quelle belle mission est la tienne ! De ton vivant, dédaignés peut-être, tes conseils seront pieusement suivis par la postérité ! O toi, qui t'es extrénué à jeter dans un moule divin une épopée gigantesque, succombe sur un infect grabat d'hôpital, meurs de faim dans une mansarde obscure et silencieuse, que la fosse commune soit ton mausolée ; mais que la conviction d'être un jour glorieusement ressuscité, vienne rafraichir ton âme altérée. " J'ai eu soif, et j'ai demandé à boire : " Nul ne m'a répondu : " Abreuve-toi, ô grand homme martyr ! "—Mais qu'importe ? si l'amour désintéressé du beau, a été ton seul guide dans tes compositions, pourquoi verser des larmes brûlantes ?—Tu n'appartiens pas à cette classe d'écrivains spéculateurs, qui ont organisé en Commandite le feuilleton, le drame, le vaudeville ; ingénieux d'ailleurs dans l'art de produire des romans intarissables, obscurs imitateurs de quelques grands maitres, ils croient que, de nos jours, la littérature est, de toutes les industries, la branche la plus fructueuse, le plus facile moyen d'arriver à la fortune, et de réaliser de beaux bénéfices. O Déesse profanée, ils s'intitulent tes pontifes, ces impudents agioteurs, qui dictent à des sténographes salariés les phénoménales élucubrations de leur cerveau échauffé par les suffocantes vapeurs du tabac, et les fumées inspiratrices du punch. Ces joyeux viveurs, sont mélancoliques dans leur ivresse ; voyez, ces Silènes joufflus, vont, le verre de champagne en main, enfanter la plaintive élégie !... Oui, dans ce siècle où tout se fait à la vapeur, où les nobles idées, incompatibles avec l'amour exclusif du lucre, semblent avoir cédé la place à une creuse phraséologie, il est une littérature échevelée qui enivre les sens et qui, pour l'or dont elle veut à pleines mains, a tout renié, et partant tout empoisonné.

Ce n'est pas ainsi que l'antiquité comprenait la profession d'écrivain, sacerdoce vénérable, qui, pour bien mériter de la postérité, doit beaucoup souffrir ; aussi, nous a-t-elle représenté la personnification du génie poëtique, Homère, aveugle et mendiant. Disons-le cependant, les conditions de la vie littéraire ne sont plus les mêmes à notre époque, que sous Périclès, Auguste, Léon X et Louis XIV. La profession d'écrivain n'excluait pas quelque léger patrimoine, et quelque bien territorial, tandis que de nos jours, on voit se jeter dans l'arène une foule de jeunes gens audacieux et tout-à-fait sans fortune, qui prennent pour un talent hors ligne, une imagination de feu, la désinvolture d'une langue déliée, de la hardiesse beaucoup, de l'ambition plus encore. Tout frais émoulus des collèges, ils veulent s'essayer, mais le succès trahit leur inexpérience ; ils se heurtent, ils se coudoient, ils se renversent, et sur cent qui ont combattu, pour vaincre, un seul peut-être, a terrassé ses concurrents.... Le journalisme, la littérature périodique, sont inondés de ces jeunes athlètes. Les théâtres en sont assiégés ; mais s'il y a beaucoup de prétendants, il y a peu de triomphateurs. Car, j'admets que le goût du public soit faussé, et que les coteries fassent mousser bien des nullités et des médiocrités ; mais encore faut-il savoir l'art tout particulier de donner au vil plomb la couleur et l'éclat de l'or pur, faire accepter des sottises par une forme brillante ; et puis tout le monde n'a pas de ces bienveillants protecteurs, qui soudoieront une claque dévouée. L'Etat ne pensionne plus les écrivains, l'âge des poëtes lauréats et des historiographes royaux s'est évanoui, et, dans des rêves tout-à-fait matérialistes, l'écrivain n'entrevoit plus dans le lointain que le mirage d'un monceau d'or. Tel est désormais le seul stimulant de sa plume. On joue aux sentiments, on improvise des situations, on fabrique des personnages imaginaires, on ose même toucher à la vérité historique, et, peu soucieux de laisser une impression sentimentale, on croit aller droit au cœur, en excitant un rire perpétuel. Il faudrait ici signaler d'honorables exceptions, étrangères à la fois aux bizarres originalités de l'école nouvelle, et au pédantesque rigorisme de la vieille école, qui se fait gloire de sa fidélité aux traditions classiques. Oui, de consciencieux écrivains, des publicistes éminents, des historiens érudits, je dirai même des romanciers judicieux, sont aujourd'hui en possession de la faveur publique, et leurs titres sont de bon aloi.

Mais la poésie mâle et sévère de Milton et de Corneille, la prose élégante et souple d'Addison et de Boccace, auraient-elles survécu à l'inflexible logique de l'idée de l'utile qui semble au dix-neuvième siècle, avoir supplanté l'idée du beau ? Les natures les mieux douées laissent toujours quelques lambeaux de leur indépendance aux buissons de leur époque. Mais de cette influence occulte qui s'impose au génie lui-même, au lâche esclavage qui peut enchaîner un talent de second ordre, il y a un abîme Aussi l'homme de génie, s'arrachant de la citadelle élevée de la méditation, descendra-t-il lui-même dans l'arène, pour lutter contre son siècle......

En faisant la part de ces âges d'enfance, de jeunesse, de maturité, de vieillesse, aussi visibles dans la vie des peuples, que dans la vie des hommes, nous reconnaîtrons que les lettres doivent, pour ne pas choquer la question de temps, affecter des formes différentes, mais toujours sans sacrifier bassement à des tendances subversives.

Ainsi. dans notre siècle positif et progressif par excellence, il serait hors de saison de faire renaître idylle, élégie, épopée. Ce temps-ci est plus propice aux études sérieuses, aux investigations de la science, aux recherches de l'histoire, aux examens internes de la philosophie, et aux nombreuses applications qui font avancer l'industrie.... Mais, toute proportion admise, un fait malheureux domine ; si les lettres et les arts ont encore leurs prêtres désintéressés, l'idéal n'est plus le caractère distinctif des sociétés modernes ; le désir de gagner, légitime même pour le penseur, pourvu qu'il le contienne dans certaines limites, tend à envahir à la fois lettrés et savants. La terrible réalité, la nécessité de vivre, rejettent dans des professions humbles et manuelles, des esprits bien trempés, mais qui ne peuvent percer la foule. Alors quelquefois le métier s'allie à l'art comme le corps s'allie à l'âme, et Reboul, le poète-meunier, faisant deux parts de sa journée, en consacre une à sa boulangerie, et l'autre à son cabinet de travail. Mais tous ceux qui se croient et se sentent touchés par le souffle divin, n'ont pas le robuste courage d'accorder ainsi l'état qui nourrit le corps, et la culture des choses immatérielles, qui alimente et vivifie l'âme. Le grand mal du siècle est tout là. On ne peut réussir par des procédés honnêtes : on prostitue son talent au mensonge, on défend des causes mauvaises, on ne vise plus qu'à un but, la richesse. Quelques-uns, dont l'âme généreuse préfère la mort au déshonneur et à l'abaissement, ne pouvant être poètes, veulent devenir héros, et vont mettre au service de la patrie, un bras qui, en tenant la plume avec courage, s'est préparé à tenir vaillamment une épée. N'y à-t-il pas, en effet, fraternité entre le guerrier et le poète ? Le premier accomplit les exploits que le second raconte, et qu'au besoin, il imiterait. Un grand poète n'est pas un rêveur, que Platon bannit de sa République, et jamais la lyre n'a rendu des sons plus éclatants ou plus touchants que lorsqu'elle a célébré les victoires ou pleuré les défaites de la patrie. Les chants inspirés de Tyrtée n'ont-ils pas conduit les Spartiates à la victoire ?

D'autres aspirants en littérature, natures plus

mélancoliques, et que l'échec fait ployer comme de faibles arbrisseaux, courbés par les vents orageux, iront demander au suicide la fin de leur misère, et la paix du néant, leur foi suprême. Les privations de toutes sortes, le dénûment le plus affreux, avanceront, pour un grand nombre, le terme de la vie. Hégésippe Moreau meurt de consomption à l'Hôpital de la Charité ;

La faim mit au tombeau Malfilâtre ignoré.

Et Gilbert, le grand satirique, qui s'était attiré la haine des puissants de la terre, avale, dans un accès de folie furieuse, une petite clef, qui l'étrangle. Chatterton, dont les premiers essais donnaient le plus riche espoir, s'empoisonne à l'âge de 17 ans.

A ces causes de ruine, pour des génies enfants, que l'indifférence et la faim, poussent au désespoir, se joignent quelquefois la jalousie des despotes et la haine ombrageuse des dictateurs. Lucain, dont l'arrêt de mort est prononcé par Néron, s'ouvre les veines, avec une impassibilité stoïque, et, au milieu de la terreur, en France, en 1793, André Chénier, désigné à la vengeance de Robespierre, par la verve de son indépendance, va porter sa tête sur l'échafaud, après de touchants adieux, chant du cygne de ce jeune barde, qui avait entrepris dans la versification française une réforme radicale, et ne se serait reposé, qu'après lui avoir donné le rythme harmonieux de la Grèce, et les riches ondulations de la harpe homérique.

Telle est la vérité, j'ai dû la dire tout entière. J'ai omis de parler d'une autre classe d'écrivains, qui se livrent, au sein du repos, et sans la plus légère inquiétude, à des goûts d'érudition et à des

travaux qu'ils ont soin de ne rendre jamais fati-
guants. Ils constituent la classe aux types si variés
et si intéressants, des amateurs. Le plus souvent,
ils ont reçu en partage une instruction distinguée
et une belle fortune ; des terres productives, des
métairies prospères, des maisons en ville, forment
leur opulent avoir. Ils ont, en un mot, de quoi
satisfaire largement leurs fantaisies les plus ex-
travagantes. Mieux avisés que les riches d'un
esprit vulgaire et oisif, ils n'iront pas gaspiller
leur royal patrimoine dans des fêtes splendides,
et l'avidité de doubler leurs capitaux, ne les jet-
tera point dans les tracas ni les hasards de la
spéculation. Ils voyageront, et se reposeront de
leurs voyages dans la lecture et dans la composition ; leur temps et leur argent, ne seront pas
follement consommés, s'ils meublent leur intelligence et leur musée de mille connaissances précieuses, de mille chefs-d'œuvre de l'esprit humain.
Ce sont là les lettrés, les bibliophiles de haut
parage. Le bibliomane, est un autre type à part ;
en lui, il serait inutile de rechercher l'instruction
véritable et saine ; la passion forcenée, qui le
porte à faire l'acquisition de livres singuliers,
dont on ne compte que quelques éditions, pour
ainsi dire, introuvables, est l'aberration de la
Bibliophilie.

Avec mille attraits pour l'esprit, un livre digne
de ce nom offre à chaque instant une source inépuisable de sensations émouvantes pour le cœur.
Avec quel intérêt on suit la vie du héros d'un
poème, ou d'un roman, que l'auteur place dans
les circonstances les plus critiques, pour le faire
parvenir au but qu'il convoite ! Pour beaucoup
de personnes, qui jamais ne voyageront dans les
pays lointains, un livre est l'univers révélé ;
beaucoup, qui sont privés du spectacle de la

prestidigitation scénique, voient se mouvoir, agir et parler des personnages muets, auxquels ils s'identifient avec amour, ou que leur haine vertueuse accuse et poursuit. Le modeste citoyen, que la fortune n'a point comblé de ses dons, puise dans un ouvrage vertueux et bon conseiller, le contentement de son humble position. Tous y trouvent, du reste, mille allusions à leurs situations personnelles. et leur âme s'épure, en s'enrichissant de nouveaux points de vue, au contact des beaux sentiments d'une œuvre majestueuse et noble, où la sévère simplicité du style se marie à la sereine pureté des pensées. Ouvrez la vie des grands hommes de Plutarque, et tous ces actes de dévouement à la patrie, d'abnégation, de magnanimité, vous élèveront l'esprit, et vous pousseront à une généreuse imitation. La lecture exerce une autorité plus puissante qu'on ne le pense, et ce n'est pas à une autre cause qu'il faut attribuer souvent les grandes actions, ou les actes punissables. Une lecture faite en famille, auprès du foyer domestique, fortifiera chacun des membres dans l'accomplissement de leurs devoirs, surtout si le chef de la petite communauté ajoute quelques commentaires à l'idée morale de l'auteur, et termine la lecture par une allocution touchante, qui résume les conseils du livre, et l'impression de l'auditoire.

Bien qu'il n'entre pas dans mon intention de vous présenter ici un aperçu critique de la Littérature Ancienne et Moderne, au point de vue de la réalisation du beau idéal dans l'art, et que mon seul but soit de vous montrer la reproduction dans les lettres, des idées supérieures du bien et du vrai, je ne puis m'empêcher, Messieurs, de m'arrêter quelques moments sur les avantages que des lectures choisies procurent à l'esprit. Ils sont immenses, si l'attention ne s'éparpille pas sur un nombre prodigieux d'ouvrages incomplètement parcourus. *Timeo hominem unius libri.*

L'art d'écrire est incontestablement le plus important, le plus délicat, le plus difficile de tous. Un tableau a pour lui le prestige de la couleur, et tout en saisissant profondément l'âme, il veut, il demande surtout l'emploi de la vue. La musique frappe l'ouie de sons enchanteurs, qui vont remuer les fibres de l'âme humaine. Le peintre et le musicien, sont donc admirablement servis par des agents matériels, qui, je m'empresse de le dire, ne leur enlèvent rien de leurs titres à notre admiration. Mais quand il s'agit d'animer le papier, qui ne s'adresse nullement à l'oreille, et ne présente à la vue qu'un espace blanc, entre des lignes noires où se pressent des caractères, c'est qu'alors qu'il faut à l'artisan de cette tâche ingrate une habileté peu commune, pour laisser dans l'âme de ses lecteurs une impression profonde et durable. De même que l'on voit un artiste dramatique s'exprimer avec abondance et facilité, en puisant dans sa mémoire chargée, d'innombrables membres de phrase, qu'il applique souvent avec adresse aux besoins de ses entretiens, ainsi celui qui cherchera dans les livres' une nourriture à la fois intellectuelle et morale, se sentira toujours soutenu par les souvenirs de ses fortes et substantielles lectures, s'il doit traiter un sujet de vive voix, ou se servir de la plume, dans les diverses circonstances de la vie sociale. L'improvisation, qui exerce sur la foule un ascendant divin, n'est autre chose qu'une inépuisable mine d'une riche mémoire, mise au service d'une belle intelligence. Les grands maîtres dans l'art de la parole, se sont préparés aux orages de la tribune, aux révélations de la chaire, aux débats du barreau, par des études patientes, et par la fréquentation des grands modèles. Et de tout temps, les maîtres de l'art oratoire et les professeurs de l'art littéraire ont recommandé à la jeunesse studieuse, qui se pressait à leurs cours, le culte des éternels chefs-d'œuvre de la raison et du goût. Cicéron, avant de voler à ses hautes destinées, avait longtemps médité Démosthènes ; et Quintilien, avant d'entreprendre la régénération de l'éloquence, qui s'était corrompue entre les mains des Rhéteurs, avait mille fois relu et récité Démosthènes et Cicéron. Quel est l'écrivain, à moins d'une rare prédestination, qui pourra jamais prétendre à une renommée sérieuse, s'il n'a pas cultivé avec acharnement—le mot n'est pas trop fort—les grandes réputations de l'antiquité grecque et romaine ? La traduction est un exercice d'esprit excellent, mais parfois impossible—J. J. Rousseau, rejetant avec désespoir sa Traduction incomplète des Annales de Tacite, s'est écrié : Un si rude joûteur m'eût bientôt lassé.

Faisons ici une pause, Messieurs, et permettez-moi, avant de vous raconter brièvement, comme je vous l'ai promis, l'histoire de l'intelligence humaine depuis les temps anciens jusqu'à nos jours, de terminer ma dissertation sur la Morale des Livres, par un exposé rapide des phases tourmentées de leur existence.

A une certaine date de l'antiquité, après le passage d'une ignorance primitive, qui n'avait d'autres ressources que la tradition, à un état d'acheminement vers le premier degré de la civilisation, tout homme tint à honneur de posséder des livres, à la fois pour son instruction et pour son délassement. Ces livres étaient le legs le plus précieux qu'un père pût laisser à son fils, et transmis par les générations mourantes aux générations qui suivirent, ils maintenaient le dépôt des traditions de famille. Mais avant, je ne dis pas la découverte de l'Imprimerie, mais avant les parchemins d'Athènes et de Rome, que pouvaient être ces livres? Quelques rouleaux de feuilles végétales, ou le stylet avait gravé quelques sages aphorismes, quelques préceptes, pour les circonstances communes de la vie, en même temps que les actions de quelques personnages déifiés; c'étaient aussi quelques pierres, sur lesquelles le génie humain, encore dans l'enfance, avait tracé, non pas des caractères, mais des signes, empruntés à la nature, pour exprimer des pensées, qu'il voulait léguer à la postérité.

Plus tard, des sociétés plus polies, vinrent asseoir des cités monumentales, sur les mêmes emplacements où s'élevaient jadis les tentes des peuplades vagabondes. A la simplicité patriarcale, succédèrent les raffinements d'une civilisation plus avancée, il y eut alors des Académies, des Écoles, et déjà l'on voit percer l'idée bienfaisante des Bibliothèques publiques. Les archives sont précieusement conservées, et désormais les annales des peuples, seront fidèlement enregistrées pour l'instruction des siècles à venir; les faits ne se conserveront plus par les communications intimes des pères aux fils, mais par des écrits, revêtus d'un cachet authentique. Le parchemin se déroule aux yeux des lecteurs intelligents, il s'élève une classe d'hommes qui ne veulent plus devoir à des actions fugitives une immortalité douteuse, mais, avides d'une gloire plus belle, ils célèbrent les emploits des guerriers, laissant l'esprit également étonné de la vaillance du héros, et du mérite de l'auteur. Que dis-je? C'est aux écrivains, qu'il est réservé de jeter un vif éclat sur les vertus militaires des conquérants, de tenir dans l'ombre les défauts qui ternissent leurs hautes qualités, et d'attirer l'attention des siècles futurs sur des noms fameux, gravés dans toutes les mémoires, que distingue seuls une bravoure brutale et aveugle, et qui certainement auraient passé inaperçus si une intelligence d'élite n'avait, par un chef-d'œuvre, scellé leur renommé. La pensée humaine, la certitude historique, le progrès moral, ont emprunté à l'Imprimerie une sanction rénovatrice, et chaque peuple a fait de cette invention tardive, l'usage qui convenait à son génie. L'Allemagne enfante journellement une infinité d'œuvres philosophiques, qui roulent surtout sur la Dialectique, et sur l'Esthétique, l'étude chérie de la rêveuse Germanie. La statistique, l'économie politique, le libre examen de la Presse, occupent les publicistes profonds de la vieille Angleterre. L'Espagne abonde en ouvrages mystiques et ascétiques, tandis que la poésie légère, et la littérature à petits effets, augmentent chaque jour la provision des sonnets, des canzones et des romances de la vive et frivole Italie.

Après cette digression nécessaire, je vais maintenant, Messieurs, faire défiler devant vos yeux l'Antiquité qui va rayonner d'un vif éclat, pour s'abîmer dans la décadence, et la Renaissance, qui fera revivre le goût et la forme des auteurs païens, en s'inspirant pour le fond de la révélation chrétienne.

Quand on remonte aux temps antiques, on est frappé de la délicate civilisation des Grecs, et du mâle caractère des Romains. Ce qui distinguait éminemment la Grèce, c'était l'aptitude de son

peuple pour les arts, c'était enfin ce goût inné, vif,
éclairé pour les productions et les triomphes de
l'esprit, qui créa tant de chefs-d'œuvres, et rendit par toute la terre et par tous les âges, le nom
grec synonime de celui d'artiste.

D'un autre côté, Rome nourrissait un peuple
fort, guerrier, patriote, austère, et toujours prêt
à s'immoler pour le pays. La Grèce, Athènes
surtout, qui est la plus frappante personnification
de ce penchant élevé pour les arts, inclinait vers
l'Épicurisme, tandis que Rome, altière et stoïque, sans avoir envoyé ses fils au cours du grave
Zénon, représentait parfaitement, dans ses mœurs
et ses Institutions, le génie dénaturé de cette
philosophie sévère qui faisait du sage, sur la
terre, l'observateur impassible des passions, des
erreurs, des faiblesses humaines.

Le Romain proprement dit, était de sa nature,
peu doué pour les lettres; de cette brillante
pléiade d'écrivains, qui ont mérité au siècle d'Auguste le titre de siècle immortel, il en est un petit nombre nés dans le sein de la Ville Éternelle;
les uns sont Italiens, des villes municipales, les
autres sont d'origine et de nationalité étrangères.
Virgile était né dans un petit bourg près de
Mantoue, Horace était Apulien; Susmone était
la patrie d'Ovide, Tacite naquit à Intéramne;
Martial, si fameux par ses épigrammes, et Lucain, l'auteur un peu fastueux de la Pharsale,
naquirent tous deux en Espagne. Sénèque, qui
a encouru l'accusation d'un moraliste en conseils
et d'un satrape dans sa vie privée, appartenait
lui-même à cette race fougueuse, violente, irascible et vindicative de l'antique Ibérie. Les auteurs latins, dont quelques débris épars, échappés

aux élémens destructeurs,et aux ravages de la barbarie,sont parvenus jusqu'à nous,se font remarquer surtout par une ingénieuse imitation des chefs-d'œuvre de la Grèce, plutôt que par l'invention et l'originalité. En effet, les Romains ne cultivèrent la littérature que fort tard ; la soumission des Italiens, l'occupation des provinces, et l'invasion de tous ces pays indépendants, qui insultaient à l'omnipotence des maitres du monde, détournaient ce peuple belliqueux des calmes loisirs que demande la culture des lettres et des arts.

Tu regere imperio populos, Romane, memento.

Pour toi, Romain, souviens-toi que ton empire doit maitriser les peuples.

Mais quand Rome, après avoir promené sa domination des rives du Danube aux colonnes d'Hercule, des bords fleuris du Rhin aux sables brûlants de l'Afrique, se reposa à l'ombre de ses lauriers, quand Auguste eût fait oublier par les bienfaits de sa paternelle administration, les proscriptions et les crimes d'Octave, alors la littérature naquit soudainement, et jeta un vif éclat ; mais inspirée par la spirituelle flatterie des grands hommes, elle n'eut pas ce caractère sublime de la phrase d'Homère, qui n'était pas courtisan des monarques, mais chantre de la nature, et conteur de grands récits. Nous l'avons dit, la littérature emprunte à la physionomie de la société quelques traits de ressemblance. Aussi, ne faut-il pas s'étonner, si on ne trouve pas dans Virgile lui-même, ces grands effets de la poésie hellénique, et cette simplicité pittoresque, qui fait d'une épopée, un vaste et vivant tableau, où les héros et les dieux, la terre et le ciel, se confondent et combattent, pour empêcher ou obtenir un grand résultat. Cependant, il faut être juste, Rome peut avouer Virgile, Horace, Ovide, Juvénal, Cicéron, Salluste, Tite-Live, et tant d'autres esprits supérieurs, qui, sans être précisément des génies, occupent un rang secondaire très honorable et très glorieux. Il n'appartient qu'aux intelligences élevées d'imiter avec goût et mesure, et de répandre des couleurs saillantes sur des ouvrages modelés sur de grands proto·types. Aussi les étudiants en littérature comprennent ils que c'est au prix d'une imitation habile que s'achète la gloire, cette couronne du talent laborieux.

Chez les Grecs, l'état était prospère, quand les arts étaient en honneur. Les poètes émouvaient la foule, en offrant l'union estimable des dons de l'esprit et du cœur, la lyre n'amollissait pas les armes, et les guerriers ne dédaignaient jamais le titre de nourrissons des Muses. Quel peuple était plus lettré que celui d'Athènes, quel peuple aussi manifesta-t-il pour les productions de l'esprit un goût plus vif et plus exquis, et pourtant il se pressait avec une égale ardeur à la représentation des drames nationaux d'Euripide, des comédies railleuses d'Aristophane, et à ces combats gigantesques où seul il défendait la patrie commune contre l'invasion des Perses.

Il est à remarquer au contraire, qu'à Rome, l'éclat de la littérature fut contemporain du relâchement des mœurs, qui prédit d'une manière toujours infaillible, la dissolution graduelle, la ruine, la mort des sociétés. On n'ignore pas, que c'est sous le règne de Tibère, que Rome descendit rapidement le sentier fatal qui devait la conduire au précipice.

Si quelques philosophes indignés protestèrent hautement contre ce luxe effréné, cette soif insatiable de plaisirs toujours nouveaux et toujours savourés avec le calme égoisme du sybarite insoucieux, la plupart des écrivains, au lieu de flétrir ces excès scandaleux, ces somptueuses orgies, et tout ce raffinement de festins, où Lucullus conviait ses parasites efféminés, la plupart, dis-je, sympathisaient dans leurs poësies érotiques, dans leurs œuvres lubriques, dans leurs écrits infâmes, avec ce monde impie de courtisanes et de dissipateurs. Aussi Catulle, en flattant la dépravation de son temps par l'hommage de sa poësie impure, a-t-il laissé le triste renom d'un écrivain immoral, tandis que Juvénal, armé du fouet de la satire, flagellait sans pitié cette corruption impudente, et que Tacite, le grave annaliste, nous laissait sur cette époque pâle de l'histoire romaine, les jugements sévères d'un homme de bien, qui touche avec douleur les plaies de son pays, sans trouver le baume qui calme et ferme la blessure.

Mais détournons les yeux des lamentables écarts de ce peuple conquérant, pour les reporter sur une époque plus riante, celle qui vit fleurir en Grèce, Platon, le métaphysicien idéaliste, Aristote, le naturaliste judicieux, Xénophon, à la fois général habile et savant historien, Démosthènes, orateur abrupte et véhément, Pindare, le chantre inspiré des lauréats des jeux olympiques, et toute cette légion de penseurs profonds, de poëtes harmonieux, qui vivent encore tout radieux de leur réputation littéraire, dans la mémoire de tout ceux que l'Europe compte au nombre des représentants libéraux des traditions du passé et des progrès de l'avenir.

A l'âge d'or, enfoui dans les ombres du passé, où les lettres avaient fleuri, aux siècles évanouis comme l'éclair de Périclès et d'Auguste, au concours si fécond en merveilles des génies les plus fortement constitués, qui s'étaient donné rendez-vous à Athènes et à Rome, l'âge de fer avait succédé, Apollon et les Muses s'étaient voilé la face... Les théâtres attiques ne retentissaient plus des chants patriotiques, et des chœurs ardents, sympathiques à la foule ; le Forum des Romains était désert, et la mâle voix de Tullius, ne s'y faisait plus entendre, pour accuser les rapines de Verrès, ou défendre un illustre client, Archias ou Milon .... Le Moyen-Age était commencé, c'est-à-dire, la force aveugle dominait, et l'intelligence, privée des moyens de percer l'épaisseur des ténèbres, était écrasée sous le poids du despotisme. Cette froide période de mille ans, qui s'étend de la ruine de l'empire romain d'Occident, jusqu'à la prise de Constantinople par les Turcs, est la proie des préjugés, et la vassale de la Féodalité, qui tient enchaînée la liberté, au fond d'un obscur cachot.

Les chefs-d'œuvre de l'antiquité reposaient ensevelis dans les monastères, et chaque jour, des moines ignorants, les érudits pourtant de cette époque inculte, faisaient disparaître, en patients profanateurs, les lignes tracées de main de maîtres, sur les vénérables manuscrits, dispersés par la tempête sur tous les points de l'Europe. La Théologie, pour enregistrer ses oracles, effaçait les parchemins qui conservaient les enseignements de la Philosophie !

Le monde romain avait bien vite été jugé par la

horde des barbares ; seul, subsistait encore, debout mais chancelant sur sa base, l'Empire d'Orient, ce triste simulacre des institutions républicaines et impériales de la guerrière Rome, si verte, si nerveuse sous Brutus, si chassieuse, si vermoulue sous Héliogab… … Les querelles intestines minaient Byzance, qui, chaque jour, était acculée au pied de ses remparts, dont la solidité dut à la fin céder devant les soudars fanatiques de Mahomet. L'Europe s'émut tout entière de la chute de la vieille cité, qu'elle croyait imprenable, tant le fantôme du nom romain lui donnait encore du prestige. Un instant, il fut question de la relever, mais les embarras intérieurs, qu'éprouvaient alors tous les peuples occidentaux, rendirent stériles cette émotion et cet intérêt d'un moment. Le temps des croisades n'était plus, car déjà la constitution des Etats Modernes se faisait pressentir. Constantinople une fois soumise au Croissant, les savants, les lettrés, les philosophes du Bas-Empire, dépositaires des traditions de l'école hellénique et Romaine, cherchèrent un refuge en Italie ; les Médicis les accueillirent à bras ouverts, ces sublimes exilés, qui marchaient sous la bannière de l'illustre Lascaris ; ils vinrent, ils ouvrirent des cours, ils fondèrent des écoles, ils adoptèrent pour patrie cette Italie, qui les avait salués du rivage, comme ses initiateurs aux études du beau antique ; insensiblement les controverses fastidieuses furent délaissées pour les entretiens et pour les travaux littéraires, les barrières du Moyen-Age s'écroulaient enfin, comme les murs de Jéricho, au son des trompettes sacrées.

L'Italie, héritière de la Grèce, doit faire parti-

ciper les autres nations aux bienfaits de sa régénération intellectuelle, et la France, qui passe les
Alpes, sous la conduite d'un jeune homme ar-
dent, amoureux de la terre d'Ausonie, Charles
VIII, doit la suivre avec enthousiasme dans ce
mouvement civilisateur. Bientôt l'Angleterre et
l'Allemagne entreront dans la lice, et disputeront
à la France, la palme du réveil littéraire.

Mais qui fixera la pensée, qui gravera la parole ? L'Écriture du parchemin, me direz-vous....
Moyen triomphateur sans doute, pour la civilisation du siècle de Périclès et d'Auguste, si
l'on songe aux pénibles enfantements, par lesquels
il a fallu passer avant de reproduire la pensée
humaine sur un tissu solide, au moyen de caractères éloquents.... Mais, déplorable ressource,
en présence des sacrilèges de ces peuples nouveaux qui, d'un seul coup, anéantissaient l'unique
copie d'un ouvrage immortel, en présence de ces
forces cachées, et terribles par leur patience de
destruction, de l'insecte qui dévore lentement
page par page, et du copiste des abbayes qui
rogne laborieusement, et sans remords, parcequ'il
ne comprend pas, les lignes des orateurs et des
écrivains, pour y substituer les confidences rê-
veuses du mysticisme.

Cependant, un beau jour, l'antiquité inhumée
si longtemps, reparut, revécut tout-à-coup, non
pas tout entière, armée de toutes pièces, comme
un guerrier qui s'élance du sépulcre, ranimé par
le souffle divin, qui brandit sa lance, tient son
épée par la poignée, présente son bouclier, et fait
retentir les nombreuses pièces de son armure, en
agitant le panache de son casque.... Non,
Athènes se releva mutilée, Rome se mit sur ses

deux genoux, ne pouvant se lever, sa toge était déchirée, ses bras sanglants et son visage, sillonné par mille balafres, portait la trace des outrages qui l'avaient accablée. Beaucoup des fils de ces deux cités reines ne furent plus retrouvés, ils s'étaient épuisés à composer des livres ingénieux ou profonds, pour ne pas vivre même dans la postérité. Et pourtant les écrivains de leur époque, leurs confrères ou leurs disciples, citent leurs noms avec éloge!

Que nous en est-il resté? rien, ou des fragments épars d'une douteuse authencité! Salut! Renaissance! Tu seras, Léon X, le glorieux préparateur des grandes choses de l'avenir. Je vois déjà les intelligences à l'œuvre, reconstituer le passé, et en recueillir pieusement les vestiges. Car ne croyez pas que l'exhumation des grands hommes qui avaient rempli leur siècle de leur brillante renommée, ne doive produire que des admirateurs inactifs et inféconds. Oh! non, on court entendre commenter Platon et Aristote, expliquer Homère et Virgile, et formés par ces vigoureux modèles, les esprits déposent leur férocité primitive, et de grands ouvrages sont mis sur le métier. L'Arioste s'est courbé sur l'étude de l'Iliade et de l'Énéide, et bientôt, tout en s'honorant des emprunts qu'il a faits à ces grands peintres, il innovera dans l'épopée, en créant le poème héroï-comique. Le Tasse s'emparera des beautés du divin aveugle, le vieil Homère, mais il introduira des beautés nouvelles sur la scène épique, en bannissant le paganisme du domaine de la poésie, et en célébrant la beauté de l'Olympe chrétien, en redisant dans ses chants harmonieux, la splendeur de la cour céleste, et les concerts ravissants des anges, dont l'hymne reconnaissant, monte comme l'encens du culte humain, vers le trône de l'Éternel, tandis qu'il nous oppose, comme ombre et contraste à ce tableau de la Béatitude infinie, le chef des légions infernales, Satan, aiguisant dans le sein de son brûlant empire, ses funestes colères, son ressentiment terrible, et semant d'obstacles la marche des croisés vers le but de leur sainte expédition, la reine de la Judée, la capitale du royaume Sarrazin, Jérusalem...

Ainsi la renaissance réhabilite les études de l'antiquité, sans paralyser la faculté de l'invention Elle est le réchauffement des âmes au feu sacré, l'inspiration d'œuvres magnifiques marquées d'un cachet grandiose, l'imitation savante d'immortels types, la recherche passionnée de tout ce qui peut vivre encore de cette antiquité, l'école vivante de la sagesse et de la raison humaines, marchant avec courage à la recherche de la vérité, qui lutte contre les entraves de l'idôlatrie et de l'erreur. La renaissance retirera du tombeau de l'oubli d'illustres morts, qui vont revivre, pour former et redresser le discernement de l'homme; la religion seule, était impuissante à l'éclaircir, j'ose le dire, parce qu'il s'attachait alors à la lettre, plus qu'à l'esprit du Christianisme : La renaissance fait un appel chaleureux aux facultés les plus nobles de l'homme, l'arrache à l'obscurité où il végétait dans une société désorganisée, et l'invention profonde et significative de Guttemberg, en sauvant à tout jamais les œuvres qui ont jailli de l'esprit humain, de l'isolement et de la mort, vient décupler ses forces, en universalisant son action, en éternisant sa durée. Le voilà enfin trouvé, l'instrument victorieux de la civilisation moderne, et l'arme redoutable de la liberté. Le seizième siècle a émancipé pour toujours la pensée réformatrice ! Désormais, la perpétuité est acquise aux créations de l'intelligence, les exemplaires multipliés à l'infini permettront à la pensée révélée de fuir, grâce aux mille corps insaisissables qu'elle possède, le bûcher où la tyrannie ombrageuse veut l'anéantir. Faites brûler maintenant si vous le voulez en place de Grève, par la main de l'exécuteur des hautes œuvres, tous les exemplaires d'un livre, d'un mémoire indépendant que vous aurez pu saisir et confisquer ; je vous permets cet attentat, mais craignez qu'une seule impression ne vous ait échappé, et ne reparaisse demain, à Paris, à Londres, a Rome, à Berlin, en plus de cent mille copies, comme produites par magie, comme improvisées par l'ironique méchanceté d'un démon, qui les dissémine sur le globe. Foulez, pilez, broyez, écrasez, lacérez la pensée, elle reparaitra toujours, cette fée sublime, ce Protée aux formes insaisissables, qui défie vos vains efforts...

Qu'une Bibliothèque, vaste répertoire de connaissances accumulées, périsse, incendiée, par un autre lieutenant d'Omar ; on ne criera plus : O désespoir ! O malheur ! car mille autres renferment dans leurs rayons les empreintes de tous les ouvrages qui ont fait leur apparition dans le Monde des Livres. Tous les siècles sont devenus contemporains, tous les pays rapprochés, toutes les intelligences unies par un lien fraternel. Le merveilleux travail de l'esprit qui combine, analyse, discute, pose, affirme des principes dans les sciences mathématiques, sonde, scrute la nature, pour découvrir des lois certaines et invariables, dans les sciences physiques ; interroge les arcanes du passé, pour porter des jugements intègres, dans la science historiques ; déchire les voiles de l'entendement et du cœur humains, pour reconnaître les procédés de la raison, étudier les sensations de l'âme, dans les sciences philosophiques, tout cela vivra tout entier, vainqueur des éléments, et des barbares, plus terribles même. Tout cela est le fait de l'Imprimerie. Placé d'abord entre les mains de l'Église et de la papauté, cet instrument merveilleux est destiné, à devenir, dans les mains de la Réforme Luthérienne et Calviniste, une arme habilement employée, mais aussi à double tranchant, blessant à la fois ceux qu'elle frappe, et ceux qui s'en servent.... Bientôt la découverte du continent Américain, à laquelle a conduit celle de la Boussole, l'Invention de la poudre à canon, qui doit tuer la guerre, en la rendant promptement exterminatrice et foudroyante, vont entraîner l'humanité au milieu d'un progrès sans fin, qui chaque jour agrandit l'horizon jusque-là si limité de l'empire de la créature sur la création, et dont le dernier mot n'est pas dit. Car l'Europe ne ressemble pas à cette contrée antipodique, qui, plus de trois mille ans avant elle, possédait ces trois leviers puissants, poudre, boussole, Imprimerie, et chez laquelle néanmoins tout est resté à l'état rudimentaire, tout dans les langes de l'enfance, sans rien soulever, sans rien remuer, sans rien transformer. Dans cette partie du monde si favorisée sous le rapport de l'activité intellectuelle, l'Europe, tout a marché à pas de géant ; à peine la boussole

est-elle connue, que les voyages au long cours,
se succédant sans interruption, augmentent l'é-
tendue de notre planète, la poudre, trouvée dans
le salpêtre et le soufre mélangés, fait naitre la
stratégie moderne, portant ainsi le coup de grâce
à la chevalerie errante, courtoise, héroïque...
Et la typographie, puissance autrement imposante,
surgissant du cerveau humain avec ses armes
offensives et défensives, et qui débute par le
grand triumvirat de Guttemberg, Schœtter, et de
Faust, a bientôt aligné les redoutables phalanges
des auteurs grecs et latins ; ces nouveaux législateurs vont dissiper la nuit du Moyen-Age, et
devenir les sources inspiratrices, où s'abreuve-
ront, à larges traits, dans des coupes ornées
de dessins délicats, tous ces génies novateurs,
toute cette vaillante francmaçonnerie d'érudits
et de commentateurs, dont le cœur chaleureux
et l'esprit éclairé, jettent partout les fonde-
ments des Universités, ces théâtres éclatants
des joutes classiques, si privilégiées jadis, ces
persévérantes officines, où se sont fabriquées tant
d'œuvres libérales. Il est vrai de dire que si
l'Imprimerie fut d'abord le véhicule du mysticisme religieux, elle ne servit ensuite qu'à multi-
plier les querelles scholastiques, qui ont travesti
singulièrement la saine raison....... La Réforme suit de près la Renaissance, et de hautes
convenances que vous comprenez tous, Messieurs,
ne me permettent pas de m'y arrêter.

La paisible Société des Jeunes Gens de Maurice, étrangère à tout préjugé de nationalité, de
religion et de politique, ne deviendra jamais une
arène d'ardente polémique. Car elle manquerait
à sa vocation, qui est de rallier toutes les intelli-

gences. sans distinction de partis ; et sa seule am·
bition, le but de son fondateur, la sollicitude de
son patronage élevé, c'est d'encourager la culture
de l'esprit, en respectant toutes les convictions
sérieuses, en honorant toutes les croyances sin-
cères...

La liberté de conscience, est encore un des
mille résultats dont nous sommes redevables à
l'Imprimerie, ce talisman inestimable, qui veille
au salut de l'indépendance humaine. Tuez des
hommes, vous le pouvez, rois despotes, républiques
tyranniques, oligarchies soupçonneuses, mais al·
lez donc tuer des caractères silencieux dans leur
éloquence, fixés sur le papier, quand ce papier
griffonné est partout, dans tous les coins du
monde ; quand l'œil en a transmis le sens mys·
térieux à l'intelligence, quand l'homme, après
avoir gravé dans sa mémoire ces paroles ma·
giques, s'en sert pour attiser ses instincts généreux, et l'armer au besoin, contre toute espèce
d'oppression.

Vous me demanderez peut-être, Messieurs,
pourquoi je me suis tu sur l'Egypte, en préten-
dant vous offrir un tableau de l'antiquité. Car,
après la Judée, éclairée par la parole divine dé-
posée dans les mains du Père de tous les écrivains, Moïse, l'Egypte a été, il vous semble,
illuminée par le flambeau de la civilisation. La
Grèce ne doit-elle pas sa fondation intellectuelle
à des émigrants égyptiens ?

Oui, mais l'absence de toute liberté en Egypte
a refoulé toute vitalité, et arrêté l'essor de la per-
fectibilité infinie de l'homme. Si nous passons à
cette contrée, où la lumière a commencé à se faire,
sans produire aucun effet, que verrons-nous ? Une

théocratie puissante, qui s'entoure de mystères, et qui voile aux regards du vulgaire profane de prétendus secrets, en réalité de grossières erreurs. Là où la liberté ne règne pas, les lettres ne peuvent prendre leur vol, et dans ce pays, où le beau idéal semblait être la réalisation de l'idée de la mort, il n'y aura aucun monument littéraire qu'édifiera toujours une nation vive, ingénieuse, ou d'une gravité imposante. Cependant, il faut l'avouer, les égyptiens n'étaient pas matérialistes au fond, et bien avant l'Invention de l'Ecriture Alphabétique, leurs hiéroglyphes représentaient les impressions de l'esprit par des images empruntées aux objets naturels. En outre, ils gravaient cette Ecriture sur des pellicules détachées de la tige du Papyrus, et c'est sur ce parchemin primitif que la plupart des chefs-d'œuvre de l'antiquité nous parviendront, enregistrées avec le roseau qui a précédé la plume moderne. Eh bien, avec ces moyens souverains, l'Ecriture hiéroglyphique, et le papier textile ravi aux bords fangeux du Nil, l'Egypte n'a pas rencontré un seul écrivain pour démasquer l'hypocrisie de son sacerdoce, pour faire sortir le peuple de son immobilité sépulcrale, pour détruire les abus de sa société stationnaire, et pour appliquer à leurs princes vivants cette sévère répression des arrêts populaires, qui refusaient aux rois morts la sépulture qu'ils n'avaient pas méritée.

Si, de l'Egypte, nous faisons une excursion dans l'Inde, quel rôle y verrons nous l'écrivain remplir ? Se laissera-t-il absorber par la Société, ou lui imprimera-t-il une direction éclairée ? Certes, si en Egypte, la littérature indépendante fut étouffée par le despotisme religieux, et par le génie, pour ainsi dire, funèbre de la nation ; dans l'Inde, la religion brahmanique, sera l'ennemie la plus jurée de l'émancipation intellectuelle. Car l'aristocratie la plus absolue, la plus arbitraire du monde, a toujours régné dans l'Inde, et séparé les castes par d'infranchissables barrières. Du reste, l'idée de l'infini illimité, que l'art Indien a toujours prix pour idéal, en excluant tout à fait l'idée de l'individualité, cette idée n'a inspiré à son Architecture que des constructions informes et gigantesques, et à sa Littérature que des poèmes immenses et décousus, tels que le Mahabarata, le Ramayana. Ces ouvrages nous donnent, il est vrai, une peinture fidèle de l'esprit de la race Indoue, mais ils ne constituent pas de véritables monuments littéraires, puisque ce ne sont que des épopées colossales, qui caractérisent bien une société, mais qui manquent au but principal de toute publication, le redressement de la Société.

De l'Inde à la Chine, la transition est naturelle. Dans cette contrée originale, dont l'idiôme étrange semble d'abord peu sympathique à l'idée littéraire, nous trouverons ce que nous avons cherché vainement en Egypte et dans l'Inde, c'est-à-dire la liberté individuellle de l'écrivain, devant la Société qu'il observe et qu'il critique Depuis plus de quarante siècles, la littérature chinoise n'a cessé de déployer une activité incroyable, mais, bien que les chinois aient fait d'importantes découvertes, des siècles avant les Européens, leur antipathie pour le changement, la nouveauté et le progrès, les a toujours laissés dans la même stagnation. L'expression de leur art, n'est pas l'infini, comme les Indiens, mais bien le raffinement

de· détails, le Genre Mosaïque enfin. Incapable
de sacrifier sa personnalité aux stériles rêveries
d'une existence contemplative, le Chinois est
avant tout, industrieux et intéressé. Mais toute
invention qui l'arrache à la routine de ses pères,
lui répugne. Cependant il préfère son aisance à
son pay . et s'il vient à déserter le sol qui l'a vu
naitre. il l'oubliera pour toujours, lorsque son
industrie lui aura créé, dans une nouvelle patrie,
une position avantageuse et brillante. Le contraire
se présente chez l'Indien. qui tient instinctivement
au sol natal. et qui. peu sollicité par les attraits
du luxe. y renoncera pour l'inaction béate, s il
lui faut un travail rude et persévérant pour jouir
des douceurs du superflu ; le nécessaire lui suffit,
et quand son travail l'a conquis à l'étranger, il ·
n'aspire plus qu'à revoir le lieu de sa naissance.
Il ne faut pas rechercher dans la littérature Chinoise une influence marquée sur la Société, malgré le subtil esprit d'observation qu'on remarque
dans les drames et les romans qu'elle a produits.
Confucius est le seul écrivain chinois qui ait
entrepris. avec une entière abnégation, de réformer les mœurs de son pays, et à ce titre sacré,
il a droit à notre admiration. il réclame dans
l'ordre des novateurs et des bienfaiteurs de l'humanité, une place qui égale celle de Socrate, et qui
est bien supérieure à celle de Mahomet. cet im-
posteur, dont les dogmes se sont imposés par le
fer et le feu. Dès l'âge de vingt quatre ans, après
avoir occupé de hautes fonctions administratives,
il s livra à la méditation, et conçut le dessein
de faire dans son pays une révolution radicale.
Après être resté quelque temps à la cour du roi
Lou, dont il fut le conseiller et le guide, Confucius

rentra dans la vie privée, et se mit à parcourir les provinces de la Chine, pour enseigner en morale et en religion une doctrine nouvelle ; mais il fait surtout appel aux exemples puisés dans les discours et la conduite des Empereurs, des Ministres et des Sages de l'antiquité chinoise.

J'ai essayé, Messieurs, de vous esquisser l'histoire de l'intelligence humaine, dans sa marche pénible au milieu d'obstacles de tout genre.

Je vais aborder maintenant la première partie de mon travail, la Morale de l'Histoire, de la Philosophie et de la Littérature.

La deuxième partie, réservée pour une seconde lecture, examinera, comme je vous l'ai déjà annoncé, l'influence morale des lettres sur la Société grecque et latine, sur les sociétés Européennes au Moyen-Age et dans les Temps Modernes, dans les trois manifestations de l'intelligence écrite, la Philosophie, qui analyse, la Littérature qui raconte, et l'Histoire qui les renferme toutes deux, dans l'appréciation des hommes et des choses du passé !

1o. L'Histoire est un grand théâtre, où les peuples posent et se meuvent comme des acteurs, laissant dans l'esprit des spectateurs une impression profonde et de graves enseignements. En effet, les épreuves du passé ne devraient-elles pas nous fortifier pour l'avenir, et au lieu de rechercher dans l'histoire le simple agrément et la parure de l'intelligence, ne devrions-nous pas la considérer comme une source toujours fraîche et pure d'enseignement moral ? car l'expérience des nations, comme celle des hommes, s'acquiert au prix des grandes infortunes, publiques et privées. Aujourd'hui que l'histoire est sortie de la voie étroite, où l'avaient circonscrite les exigences du pouvoir absolu, aujourd'hui que les annales des peuples, plutôt que la vie privée des rois, sont livrées à l'examen, cette étude peut exercer sur les âmes élevées les plus hautes influences, et entretenir dans la jeunesse, sainement dirigée à travers les fastes de la patrie, les grands sentiments et les nobles vertus, qui peuvent seuls donner à un corps constitué l'énergie et la vitalité. Mais on le sait bien, ce n'est pas la froide nomenclature des faits historiques de chaque siècle, conservés dans les archives nationales, qui pourraient mettre toujours les générations éteintes, en relations sublimes avec la génération militante.... Il faut que l'écrivain s'empare de ces faits, les anime et les vivifie, et joigne le mouvement du style à l'ordre de la classification, à la clarté d'une exposition lucide. C'est ainsi qu'il faut vivifier l'histoire, et faire renaître les grandes époques disparues, avec les héros endormis dans leurs tombes ! Honneur donc à l'écrivain consciencieux et impartial, qui se fait une religion de la vérité, et sait tirer, du fond même du sujet qu'il traite, des réflexions judicieuses et de libres jugements. Les peuples marchent, la Providence les guide, et l'historien, le scalpel de la critique en main, analyse les faits éloignés....

Entre tant de titres de gloire que notre siècle a conquis, il peut s'honorer surtout de la direction des esprits éclairés vers les travaux historiques; c'est aujourd'hui seulement qui se sont élevés de véritables monuments, que font, par leur imposante et grave architecture, l'admiration des doctes juges de l'Europe civilisée. Je ne désigne pas sous ce nom certaines œuvres hardies, où les événements contemporains sont appréciés avec une certaine désinvolture d'indépendance outrée, qui cache les passions ferventes du parti, tout en affectant la liberté sereine du penseur impassible. Ils ont bien mieux rencontré, ceux qui se sont livrés aux récits des diverses phases de la vie des peuples, et qui ont été chercher, au milieu des entrailles palpitantes de la société désordonnée du Moyen-Age, l'explication de bien des mouvements nationaux, dont les racines remontaient jusqu'aux temps les plus reculés, et dont les nombreuses ramifications se sont étendues à une distance considérable. Nous avons donc eu, de nos jours, des historiens vraiment à la hauteur des sujets qu'ils avaient adoptés, et non plus de ces biographes payés, de ces historiographes pensionnés, qui, au lieu d'un récit substantiel et populaire, entonnaient un hymne éternel à la souveraineté des rois, à la puissance de la féodalité. Mais parler avec trop d'enivrement des intérêts du peuple, ce serait tomber dans l'excès contraire, car les fureurs de la démagogie sont encore plus impitoyables que les abus du pouvoir d'un seul ou de plusieurs.

Pour écrire l'histoire d'un pays, il faut être honnête homme d'abord, érudit ensuite ; en troisième lieu, écrivain.

La première condition est incontestablement la probité. Qui vient, sans idées arrêtées sur l'honneur, toucher du doigt de si délicates questions, ne peut que composer une œuvre mauvaise, imprégnée d'un esprit dangereux, et frappée d'ostracisme, dès son apparition, par l'indignation des honnêtes gens. D'un autre côté, l'histoire qui offre un aliment si savoureux à l'imagination, ne s'écrit pas seulement avec des phrases parfumées ; l'historien doit être compilateur et instruit, il doit s'être courbé religieusement sur tous les matériaux qu'il a trouvés, et y puiser la vérité, après un examen attentif et une saine confrontation des documents. En dernier lieu, l'histoire n'est pas seulement la lourde exposition des faits, accompagnée de leurs dates ; il faut l'animer, il faut ressusciter le passé, il faut recomposer les siècles, il faut remettre sur pied les personnages tout entiers avec leurs pièces, et construire enfin une espèce de poème vivant, et de drame agité, où l'on voit tout aboutir, au milieu d'évènements nombreux, à un heureux dénoûment, ou bien à de tristes péripéties. Ici un sage précepte se présente : L'historien doit se défier de l'intempérance de sa plume, ne pas noyer des faits connus, et conservés par des témoignages dignes de foi, dans un déluge de formes théâthrâles ; il doit surtout ne rien ajouter à sa narration, qui soit en dehors des lois d'une rigoureuse exactitude.

Les règles diffèrent du reste, suivant les sujets traités. Un auteur de *Mémoires* sur des évènements auxquels il a participé, et dont il a été spectateur, aura plus de laisser-aller, plus d'abandon, plus de vivacité dans ses allures, et pourra même se livrer, avec un enjouement modéré, à tous les hors-d'œuvre, dont il juge à propos de grossir son récit familier. Le *Biographe* insistera sur les détails de la vie intime de son héros, et ne s'abaissera jamais, s'il descend au genre confidentiel. On aime à s'introduire dans la vie privée d'un grand homme, à le voir s'agiter,

parler, agir, comme le vulgaire des mortels, alors
qu'il ne pose plus devant un public idolâtre,
ébloui par les éclats de sa gloire et par le prestige de sa renommée. La bassesse et la trivia
lité, doivent être soigneusement évitées dans les
deux genres que je viens de citer.

Enfin, l'Historien qui déroule les annales d'un
peuple, sera plus grave, et son style n'aura rien
de léger, ni de luxuriant. Il évitera l'abondance
oiseuse des descriptions, et ce nombre infini de
détails secondaires, qui lui feraient perdre de vue
son important sujet. Il saura jeter néanmoins
quelque variété dans son récit, sans jamais abdi-
quer sa dignité.

Deux écoles bien distinctes se sont formées de
nos jours. La première traite l'histoire, comme
un véritable roman, mais respecte néanmoins
la vérité. Elle nous montre d'une manière sensible, les évènements qui ont changé la face du
monde ; l'agréable élégance de son style, le mouvement de son récit, transportent au milieu d'un
ordre de choses évanoui, que nous voyons repa-
raitre sensiblement, et recommencer pour l'instruction des peuples et des rois, le jeu de ses
passions, et les scènes de son rôle. " Nous écri-
vons, disent-ils, pour raconter, et non pour prou-
ver."

La deuxième école, est plutôt une spéculation
philosophique, une analyse, une observation profondes, qu'un simple narré d'évènements écoulés.
Elle prétend extraire de la connaissance du cœur
humain, les causes de certains faits, sur lesquelles
les appréciations sont balancées. Cette investigation est bonne, mais poussée à l'excès, elle
peut devenir un jeu forcé de l'esprit humain, qui

voudrait tout ramener à un système.

Quoi qu'il en soit, un esprit clairvoyant, et que n'ont point corrompu des doctrines mensongères, ne peut s'empêcher de reconnaître que tous les peuples sont menés par une volonté supérieure, et que la récompense ou le châtiment viennent infailliblement les surprendre, au moment imprévu où ils désespéraient de l'assistance divine, ou bien quand déjà ils semblaient se vanter de l'impunité. Les uns, sur le point de succomber, se relèvent soudain, et on les voit rajeunis, occuper inespérément un rang distingué dans la hiérarchie des nations; les autres, qui se croyaient immortels, sont emportés comme par un torrent, tant leur extinction est rapide, instantanée. Le voyageur un jour vient rêver sur les ruines de leurs splendides et orgueilleuses cités. Des peuples jeunes, forts, vigoureux, entrent dans la lice, et Dieu confie aux législateurs et aux conquérants, le soin de le manifester, soit par des bienfaits, soit par des abus de pouvoir.

Tous ceux qui sont poursuivis de l'ambition généreuse de parvenir à une position élevée dans les lettres, doivent se livrer sans relâche à l'étude de l'histoire ; aucune étude n'a d'attraits plus saisissants pour les âmes bien douées, et ne fournit à l'orateur de plus précieuses ressources, de plus solides arguments. Faire allusion à propos à un fait historique, c'est anéantir les vains subterfuges d'un déclamateur ignorant. Voilà aussi un aliment substentiel, dont le littérateur peut habilement nourrir ses ouvrages, sans tomber pour cela dans une indigeste et lourde compilation. Tous ceux qui aspirent à l'ambition généreuse de conduire leurs semblables à la vertu, doivent être vers's dans ces connaissances précieuses : il n'est rien qui frappe plus les hommes, que les enseignements qui découlent des faits passés.

Pour résumer tout, n'est-ce pas une immense conquête pour l'homme, n'est-ce pas un insigne avantage, que de transporter son esprit dans les époques éloignées, de remonter le cours torrentiel des siècles, de s'entretenir familièrement avec les grands hommes, de voir défiler devant ses yeux, — ô spectacle émouvant !— les peuples et leur fortune, d'assister immobile à de généreux mouvements, et de vivre, pour ainsi dire, de la vie de ces âges, qui ont parcouru leur carrière ? L'homme, dont la puissance s'exerce sur la nature imparfaite, a droit d'être fier de cet empire illimité ; immense conquête, qui lui permet de s'écrier : " Mon esprit peut voyager dans les siècles, je suis riche des trésors de tout le passé. "

L'Histoire, Messieurs, peut bien proclamer Hérodote, comme son plus naïf et son plus sincère représentant. A une époque, où les sciences, les lettres, les arts venaient de naitre, ce courageux historien ne s'épargna aucune fatigue, ne recula devant aucun voyage, pour produire un travail consciencieux ; il possède au plus haut point cette qualité souveraine du genre qu'il traite, l'impartialité, et à ce titre, nous ne pouvons mettre en doute qu'il n'ait exercé une influence marquée sur son époque. Ne pas admettre aveuglément tous les bruits populaires, qui circulent sur un événement, juger avec modération les personnages contre lesquels se sont élevées d'injustes préventions, et sans tenir compte des impressions de la génération présente sur la génération passée, puiser dans un examen rigoureux des faits écoulés, des aperçus nouveaux qui doivent éclairer l'opinion publique, tel est le devoir de l'historien, et telle est la mission que sut remplir Hérodote.

Messieurs, par anticipation sur l'Etude que je vous lirai plus tard au sujet des Auteurs anciens, je veux dès à présent aborder avec un religieux recueillement, l'analyse ou rôle qu'à joué Tacite. Car ce grave historien est la personnification de toutes les qualités morales, qu'exige la dignité de son ministère, et dont je vous ai entretenu tout à l'heure. En effet, sans partager entièrement l'admiration exclusive, que le dix-huitième siècle a manifestée pour Tacite, vous ne pourrez méconnaitre avec moi, que cet historien ne soit par excellence, philosophe et penseur. La pureté de sa vie privée n'a jamais été mise en question, et son caractère intègre lui a valu l'estime de ses contemporains, en attendant l'hommage respectueux de la postérité. Quelle concision énergique, quelle retenue de phrases et de pensées, quelle science achevée du style implicite! Et malgré cette réserve constante, il a mérité d'être appelé par Bossuet, le plus grand peintre de l'Antiquité! Avec quelles sombres couleurs, il a peint la tyrannie des Empereurs romains! L'indignation sobre d'élans d'un homme de bien, répand sur le style du grave annaliste, un caractère d'onction et de chaleur intimes, qui nous émeut profondément. Voici la manière de Tacite : Veut-il flétrir le despotisme et l'arbitraire ? Il ne fera point comme Salluste, cet homme perdu de mœurs, mais pédagogue vertueux dans ses écrits, il ne se livrera pas à une dissertation courroucée sur la corruption publique, mais il exposera simplement le fait, dont l'opinion demande vengeance, et, en quelques mots, il le jugera avec impartialité, sans haine et sans colère verbeuses, mais avec une calme sévérité qui dédaigne les longues explications. Je ne pourrai, Messieurs, vous faire mieux saisir le genre imposant de cet inflexible historien, qu'en vous citant le début de la vie d'Agricola. Après avoir parlé avec douleur des sanglants outrages qui ont été faits à la vertu sous les règnes odieux des derniers empereurs, il annonce qu'un nouvel ordre de choses semble renaître, mais que Trajan aura bien de la peine à réparer les maux causés par ses prédécesseurs :

" Enfin nous commençons à respirer, dit-il,
" Nerva, dès la première année de cet heureux
" siècle, a réuni deux choses autrefois inconci-
" liables, le pouvoir et la liberté ; Nerva Trajan
" nous rend tous les jours son empire plus doux ;
" la sécurité publique n'est plus seulement un
" vœu, une espérance, elle est devenue un bien
" présent et certain. Cependant, telle est l'in-
" firmité humaine : les remèdes sont plus lents
" que les maux, et de même que les corps s'ac-
" croissent lentement, et sont prompts à périr,
" ainsi on étouffe le génie de l'amour des lettres,
" plus facilement qu'on ne les ranime. L'inac-
" tion même n'est pas sans quelque douceur, et
" l'oisiveté d'abord pénible, se fait enfin aimer.
" Qu'est-ce donc, si, pendant quinze ans, ce long
" espace de la vie humaine, une foule de citoyens
" ont péri par des malheurs imprévus, et les plus
" généreux par la cruauté du prince ? Pour nous,
" restés en petit nombre, nous survivons nou-

" seulement aux autres, mais pour ainsi dire, à
" nous-mêmes ; nous qui avons vu retrancher
" du milieu de notre vie tant d'années, pendant
" lesquelles nous sommes venus en silence, les
" jeunes gens à la vieillesse, les vieillards au
" terme de leur vie ! "

La Philosophie, dont je vais maintenant vous
parler, Messieurs, fait un appel au raisonnement
de l'homme, et lui ouvre, par la Métaphysique,
le monde immatériel, par la Théodicée, l'entre-
tient de son auteur, par la Psychologie, le ramène
vers les rouages de son être pensant et sensible,
par la Logique enfin, lui fait étudier le raisonnement. Faire ici, Messieurs, une étude appro-
fondie de tous les systèmes de philosophie, qui,
depuis les temps les plus reculés ont été avancés
et suivis, ce serait dresser une nomenclature
pénible de tous les égarements de l'esprit humain,
mais ce parallèle qui est loin d'être infructueux,
devant étendre considérablemement le cadre, que
je me suis tracé pour ce soir, je me contenterai
de vous exposer brièvement l'histoire de la Philosophie. Socrate, Platon et Aristote, seront les
trois seuls noms que je vous citerai.

Au dix-huitième siècle, toutes les folies des
philosophes anciens ont été reproduites, sous les
formes rajeunies, et ont encore promené dans la
Société leurs sophismes séducteurs. De nos jours,
ces mêmes opinions ont encore leurs défenseurs ;
le *Nihilisme*, le *Panthéisme*, l *Athéisme*, combattent encore sous la bannière de l'erreur, mais, il
faut le dire aussi, la saine Philosophie, qui compte
de nos jours, de nombreux représentants, s'ho-
nore de reconnaitre la régénération du Christ, et
l'Ecclétisme est sorti d'une discussion loyale,

c'est-à-dire un sage équilibre entre des systèmes opposés, dont le point de départ peut être vrai, mais dont les conséquences sont erronées. Tel e est la croyance des esprits éclairés du Dix Neuvième Siècle.

Si la dignité personnelle, la modération, l'intégrité sont nécessaires à tout écrivain, certes, elles doivent être l'apanage particulier du philosophe, dont l'âme, réfléchie dans ses écrits, comme un miroir qui reproduit un noble visage, doit être un Temple Sacré, inabordable aux petites passions. Car, on l'a déjà dit éloquemment, les grandes idées viennent du cœur. Écrire sans convictions, seulement pour courtiser la fortune, ou pour aduler un parti, c'est n'être écrivain qu'à moitié ; car une moralité inaltérable dans le caractère de celui qui tient l'arme redoutable de la plume, est à la fois la plus forte garantie des vertus de la famille et de la patrie.

Socrate, en faisant descendre la Philosophie du Ciel, lui ouvrit une ère nouvelle. Avant lui, les modestes mais importantes questions de la Psychologie étaient délaissées pour les vagues spéculations de la Métaphysique. Étranger à la Société, le Sage se tenait obstinément enfermé dans une citadelle inaccessible aux intérêts étroits de ce monde, qui s'agitait misérablement à ses pieds. C'était là le Stoïcisme. Son fondateur, Zénon, enseignait que le Sage seul est libre, et que le seul mal est le vice, qui terrassé, laissé l'homme dans un état de complète sérénité.

D'un autre côté, Épicure faisait consister le bonheur dans le plaisir, auquel il faut atteindre à tout prix. Du reste, malgré la différence apparente de leurs maximes, Épicure et Zénon, avaient, en *Cosmogonie et en Théodicée*, des opinions identiques, qui attribuaient la Création à l'Agglomération fortuite des Molécules du globe, et ne considéraient les Dieux, que comme des Etres fortunés, qui vivent loin des faiblesses et des misères de la vie, dans une béatitude infinie, et insoucieuse des hommes délaissés. Ainsi la Philosophie de Zénon, en apparence plus elevée que celle d'Epicure, était aussi égoïste et aussi indifférente. Comme influence bienfaisante et féconde sur la Société, l'action du Stoïcisme fut nulle, car un des préceptes fondamentaux de sa doctrine, est de détourner le Sage des fonctions politiques dans l'Etat. *Ne accedat Sapiens ad Rempublicam.—Que le sage ne s'approche pas des affaires de l'Etat.*

Au-dessous de ces deux sectes opposées, venaient les Sophistes et les Rhéteurs, qui enseignaient à la jeunesse l'art captieux de plaider le pour et le contre, et d'envelopper un adversaire dans un dédale de raisonnement spécieux.

Les esprits d'élite se complaisaient aux rêveries de Zénon, ou se faisaient les adeptes des Maximes d'Epicure, qui admettait aussi, avec les plaisirs des sens, les plaisirs de l'intelligence et du cœur ; les esprits moins élevés s'abreuvaient du Scepticisme, aux cours des Sophistes ; Socrate avait à lutter contre Pratagoras, qui formulait en axiôme, que l'homme ne peut parvenir à la connaissance de la vérité, contro Polus et Thrasymaque, qui n'admettaient pas de différence entre le bien et le mal, le juste et l'injuste, contre Gorgias enfin, qui plus impudent, soutenait, à l'aide d'un syllogysme habilement tourné, que rien n'existe.

Confondre ces adversaires, démasquer ces imposteurs, fermer la bouche à ces discoureurs infatiguables faire revenir la philosophie des méditations oiseuses, aux questions sérieuses de la Morale, apprendre enfin à l'homme à se connaitre lui-même, voilà la mission qu'accomplit Socrate, avec un rare désintéressement, et un succès décisif. Vous remarquerez ici, Messieurs, que j'insiste sur la grande figure de Socrate, bien qu'il n'ait laissé aucun écrit, et qu'il se plut à propager ses innovations, sous la forme de discours familiers, qu'il tenait dans les rues d'Athènes, aux promeneurs paisibles, aux passants affairés qu'il rencontrait, ayant à sa suite les disciples qu'il avait formés, et qui recueillaient pieusement chacune de ses paroles. Mais Platon nous a transmis les causeries fines et profondes de son illustre maitre, qui, par des arguments victorieux, entreprit de démontrer aux hommes de son temps, l'Existence de Dieu, de la Providence, et l'Immortalité de l'Ame, mais succomba victime et martyr de sa Profession de Foi.

Après Socrate, Platon, son élève le plus distingué, doit fixer notre attention. Ce sublime rêveur se laissa trop emporter par son imagination, et bien que ses intentions fussent désintéressées, et qu'il ne voulût travailler qu'au bonheur de ses semblables, les principes qu'il défend dans sa *république*, sont étranges, et ne semblent que les élucubrations d'un esprit abimé dans l'idéalisme. Platon bannit les beaux-arts, de son gouvernement imaginaire, qu'il veut donner pour type. Cependant ces idées extraordinaires ne doivent pas faire juger Platon sous un jour défavorable, et forment une contradiction

flagrante avec ses idées élevées en Morale, en
Psycologie, en Esthétique. C'est lui qui a soutenu avec foi. que l'art n'est pas l'imitation, mais
l'exaltation de la nature. Plus tard, une querelle
brûlante sur ce point litigieux s'élèvera entre les
Classiques et les Romantiques.

Disciple de Platon, mais essentiellement observateur et pratique, Aristote est à la fois le
savant le plus complet, le philosophe le plus profond, le critique le plus judicieux de l'antiquité,
en même temps qu'un écrivain pur, correct et
précis. Joignant à une tendance marquée pour
l'analyse, la faculté de l'invention, il résuma en
lui toutes les connaissances de son siècle, et élar-
git la sphère des connaissances.

Aristote, supérieur à Platon par son esprit
d'investigation, se rendit aussi plus accessible à
la masse, en contribuant à l'extension des connaissances usuelles. Le philosophe ne doit pas
se contempler dans sa propre supériorité, ne se
révéler qu'à quelques initiés, et entourer ses
leçons d'une obscurité prestigieuse ; non, il doit
appeler le peuple à ses cours, par des enseignements lucides. simples, familiers même. La vérité est le domaine, le droit, et la fin de tous ;
elle est par sa nature, à la portée des intelligences les plus modestes, et l'envelopper des voiles
d'une imagination exubérante, c'est n'étendre son
action bienfaisante et lumineuse qu'aux esprits
cultivés. qui peuvent seuls la découvrir sous les
riches habits dont on l'a orgueilleusement parée.

Il me reste à vous exposer, Messieurs, la morale de la Littérature proprement dite ; dans la
Prose d'abord, qui comprend le Genre Romantique, le Genre Épistolaire, la Satire de Mœurs et

la Critique Littéraire; dans la Poésie, ensuite, qui embrasse le Genre Épique, le Genre Lyrique, le Genre Dramatique, le Genre Pastoral, l'Apologue, et la Satire en vers.

J'omets à dessein de citer ici le Genre Oratoire, car l'éloquence ne s'écrit pas, elle vit surtout dans les inspirations de la Tribune, du Barreau et de la Chaire.

Le genre Romantique, Messieurs, est un genre bien scabreux. Car un grand écueil à éviter, c'est de toucher à la morale, c'est de tomber dans l'Invraisemblance fabuleuse, c'est de s'égarer dans des utopies impossibles. Il ne m'appartient pas cette fois-ci de juger en détail les Romanciers renommés, étude bien curieuse, qui, dans la suite de ce travail, sera plus tard l'objet de mes explorations. Nous allons néanmoins tracer dès à présent les règles nécessaires, à la perfection de ce genre. Cette délicate question des Classiques et des Romantiques, je ne veux pas non plus la réveiller en ce moment, et je me contenterai de vous exposer les principes, que ne doit pas perdre de vue le Romancier. Veut-il embellir l'histoire des charmes de la fiction, il devra respecter la vérité historique, et tout en donnant carrière à son imagination, ne pas tomber dans le domaine de la Fable. Il peut faire ressortir par des traits piquants le caractère des personnages qu'il entreprend de nous faire mieux connaître par une série de tableaux attachants.

L'Incomparable Walter Scott, qui a étudié tant de Chroniques, fouillé tant de légendes, et glané dans le champ de l'histoire tant de situations délaissées et tant de caractères imparfaitement rendus, tient assurément le Sceptre du Roman Historique. Le Romancier veut-il sonder les replis du cœur humain, analyser les sensations, mettre à nu les pensées, dévoiler les intérêts, faire enfin un examen interne des opérations et des mouvements de l'âme, il est nécessaire qu'il ne donne pas pour des axiòmes infaillibles ses études incomplètes, enfin qu'il se soit préparé à la peinture de la société par une suite d'observations personnelles, et de mûres réflexions. Le Sage, dans son immortel Gil Blas, a mérité la palme du Roman de Mœurs, dans lequel se range aussi le Roman satirique, qui met en scène un type ridicule, et l'immole avec l'arme du persifflage flegmatique. Tels sont les célèbres poèmes de Cervantes, le Don Quichotte, et de l'Arioste, le Roland Furieux, qui firent descendre la Chevalerie du piédestal, dont ses extravagances ne la rendaient plus digne. De nos jours, Dickens, en Angleterre, et Balzac, en France ont admirablement dépeint les vices, les ridicules, les vertus, les grandeurs, les infortunes et les petites misères de leur entourage et de leur pays.

Des types, qui résument toute une classe d'individus, ont été incarnés dans un personnage. Ainsi, dans René, Chateaubriand a voulu peindre cette mélancolie pensive, dont les natures aimantes sont saisies, à la suite des peines cuisantes de cœur, des déceptions et des chagrins, dont le temps ne peut jamais fermer la blessure béante. Dans Werther, Goethe a peint les transports d'une passion ardente, dont quelquefois une douce tristesse comprime les élans, mais qui renait bientôt plus vive et plus tyrannique, pour conduire sa victime au suicide. Dans Faust, le même auteur a voulu représenter l'orgueil maladif et tourmenté du savant, qui a cherché la vérité dans les connaissances humaines,.. mais sans éclairer sa marche du flambeau de la religion. Agité de l'impatience fiévreuse de découvrir les insondables secrets de la nature, qui se dérobe à ses recherches, ce savant est en proie dans le silence de son laboratoire, à une rage sourde et dévorée....

Le Romancier veut-il émettre sur la constitution sociale des idées neuves et sensées, veut-il enfin aborder le roman social, si délicat à traiter, il doit éviter avec un soin scrupuleux les chimériques inventions de son imagination, et pour réformer des abus, ne pas chercher à déclasser la société. Le Gulliver de Swift est une des plus saines productions de ce genre, tandis que les romans dramatiques d'Eugène Sue, qui s'est beaucoup occupé de propager le socialisme, font preuve d'idéologie, et n'ont enfanté aucune application possible. En effet, cet écrivain, qui en théorie veut décomposer la Société française, est impuissant en pratique à la rétablir dans une position normale.

Ainsi la qualité du Roman Historique, c'est la fidélité à la couleur traditionnelle ; l'écueil, c'est l'abandon des sentiers battus d'un récit véridique, pour les vastes champs de la fantaisie, où va se noyer la substance des faits.

La qualité du Roman de Mœurs, c'est la véritable représentation des cœurs humain ; l'écueil, c'est l'égarement de l'observation.

La qualité du Roman Social, c'est l'émission d'idées rénovatrices ; l'écueil, c'est l'exploitation de l'Utopie irréalisable.

Le Genre Epistolaire, sous une apparence frivole, a plus d'importance qu'on ne le croit ; en effet, celui qui écrit une lettre, effleure généralement tous les sujets du jour, et sa critique s'exerce sur ce texte fertile. Il est vrai de dire, que le style des lettres n'est pas une tribune où l'écrivain se pose en censeur et en réformateur de la Société, et par conséquent, il faut compter pour nulle l'influence de ce genre sur une époque contemporaine. Cependant la postérité, qui, dans la personne des historiens, examine les jugements du passé, pour asseoir un jugement définitif, la postérité, dis-je, recueille d'estimables opinions dans les Épitres familières. N'est-ce pas dans une missive intime, que se dévoile le caractère d'un écrivain, qui se sera acquis de la réputation dans des genres différents? Chez les Grecs, je ne vois aucun monument de style épistolaire; chez les Latins, Cicéron et Pline le Jeune attirent à juste titre l'attention; les lettres de l'illustre orateur romain sont écrites avec son âme, et resplendissent d'une sérénité radieuse. Cicéron s'y fait connaître en détail; aussi de tous les grands hommes de l'antiquité, est-il celui dont la vie privée a été le plus livrée au public. L'amour de la gloire possédait sa grande âme, jusqu'au point de l'enivrer des fumées de la vanité. Pline le Jeune, qui n'a pas joué dans les affaires de son pays le rôle élevé de Cicéron, est une espèce d'amateur en littérature, dont toutes les lettres sont des morceaux achevés de style; et sous l'apparence de l'abandon le plus amical, un œil exercé y découvre l'apprêt et le travail. Cependant Pline est d'une bonne nature. Excessivement bavard et curieux, il nous initie à tous les bruits de la ville, dont sa correspondance est l'écho, et la série des lettres qu'il échange avec tous les esprits distingués de son temps, est une précieuse ressource pour la connaissance de la vie intime, des mœurs privées, de la chronique scandaleuse de la société, dont il faisait partie. Lord Chesterfield, dans ses conseils qu'il donne à son fils, et Madame de Sévigné, dans ses entretiens passionnés avec sa fille, ont traité avec bonheur le genre Epistolaire. Il est vrai qu'aucune prévention littéraire, ne se mêlait à leurs causeries de famille ; ils ont alors parlé d'abondance et de cœur.

La satire morale est l'arme la plus dangereuse que l'écrivain puisse tenir. Car il se pose en frondeur de la société, qui à son tour examino avec sévérité les reproches qui lui sont adressés. Mais aussi, si au lieu de faire de ce genre une grêle de traits lancés vers un but personnel, ou dardés par le dépit, le ressentiment, la misanthropie, l'Ecrivain, à la hauteur de sa mission, juge avec une équite mêlée de bienveillance, cette société dont il veut redresser les imperfections, alors le genre satirique deviendra entre ses mains, une arme bienfaisante, si je puis m'exprimer ainsi. C'est d'ailleurs l'attitude la plus indépendante qu'il soit donné à la littérature de prendre ; aussi a-t-elle un vif attrait pour les natures d'élite, qui comprennent que la plume, elle aussi, a sa mission, je dis plus, un sacerdoce à remplir. Des enseignements de la Satire, faite dans un bon esprit, découle une instruction sérieuse pour la Société, qui, comme dans un miroir fidèle, peut y voir ses défauts, pour les corriger. Mais que l'écrivain oublieux de sa propre dignité, se jette dans la diatribe, et qu'au lieu de se borner à de mâles réprimandes sur les mœurs déréglées de son siècle, il s'abandonne à la personnalité, alors sa malignité, qu'il distille comme un venin, ne pourra que désespérer ceux qu'il attaque, sans amener leur conversion. La devise de l'homme de bien, qui traite ce genre, devrait être elle que Martial affichait, pour excuser les épigrammes qu'il décochait contre des personnages purement immaginaires. La voici : (j'épargne les personnes, mais je parle sur les vices.)

Théophraste, successeur et ami d'Aristote, nous a laissé, en outre de divers Traités sur l'Histoire Naturelle, un ouvrage de Caractères Moraux, mais il ne fraudrait pas se laisser surprendre par ce titre décevaut. Car les carractères tracés par l'auteur ne sont que des caractères ridicules et mimiques. L'arme, dont s'est servi Théophraste, a été tenue avec dextérité, dans le siècle de Louis XIV, par Labruyère, qui a puisé, dans l'observateur grec, beaucoup de fines et piquantes inspirations. Ces deux écrivains sont les plus saillants dans leur genre, et ils ont dû, chacun dans son milieu, abattre bien des ridicules qui s'affichaient paisiblement au grand jour, avant leurs mordantes caricatures. En abordant la poèsie, j'aurai, Messieurs, à revenir sur la Satire de Mœurs, écrite en Vers.

Je ne m'étendrai pas sur la Critique littéraire, car ce genre ne concerne que le redressement des écarts du style, et des infractions à l'harmonie du langage, à la pureté du goût. Cependant, il est du devoir de l'écrivain, qui a conquis de l'autorité par ses décisions en matière de littérature, de signaler au mépris du public, tous les ouvrages qui, écrits avec élégance, avec supériorité même, portent atteinte aux éternels principes de la Morale ; c'est alors que le rôle du critique s'agrandit, et prend les proportions d'un Tribunal d'austérité, en même temps que de pureté Littéraires.

La Poésie a toujours eu, de tous temps, le privilége d'épurer les cœurs, en même temps que de charmer l'imagination de l'homme. De nos jours regardé, comme un loisir, une récréation, un jeu de l'esprit et même comme une rêverie nuageuse, le culte des Muses était considéré chez les anciens, comme un élément indispensable à la Société, un agent ingénieux de régénération morale, et même comme une occupation sérieuse, utile, et philanthropique. Les poètes, aussi bien que les orateurs, semblent donc avoir été les premiers législateurs.

La Poèsie a quatre expressions principales, l'Epopée, l'Ode, le Drame, et l'Idylle. Je ne nomme pas la Fable et la Satire, car si ces deux genres tiennent à la poèsie par le rhythme, ils rentrent dans la Prose par leur éloignement de tout idéal.

Le Genre Epique vit de grandes images et de peintures saisissantes. Il se complait dans le merveilleux, il chante des sujets sublimes, il développe avec feu un grand fait historique, il nous déroule avec vivacité les phases agitées de la vie d'un grand homme. Ce genre résume tous les autres : on y trouve en effet les dénoûments horribles de la Tragédie, les intrigues attachantes de la Comédie, les fictions aimables de la Fable, les claquements de fouet de la Satire, l'élan inspiré de l'Ode, les descriptions champêtres de l'Eglogue, les Enseignements élevés de la Philosophie, les graves réflexions de l'Histoire ; et à côté des foudres de l'éloquence, l'intérêt tendu du Roman ; ici une bataille furieuse où se décide le sort d'un grand peuple, là des tableaux tour à tour émouvants ou enchanteurs d'une nature pittoresque ou agreste ; l'alliance de l'héroïque et du familier, enfin le ciel et la terre devenus le théâtre d'une action animée. Le poème Epique est donc le plus difficile et le plus solennel ; aussi exige-t-il de la part de son auteur, la réunion à un égal degré des qualités spéciales qu'exige chacun des autres genres à la fois ; l'imagination et le jugement, la chaleur et le sang-froid, l'ordre et l'enthousiasme, la fécondité de l'invention, la richesse des pensées, la variété des connaissances, l'attention toujours soutenue. Tour à tour sublime et ingénieux, chaleureux et souriant, tantôt le poète fait dans l'Empyrée des larcins audacieux, tantôt il redescend sur la terre, passant avec une transition habile du sublime au tempéré, du grave au doux, du plaisant au sévère. Les poèmes épiques deviennent les monuments d'une littérature nationale, parce qu'ils reflètent admirablement le génie d'un peuple, le caractère d'une époque. Bannir la Morale d'une œuvre semblable, appelée à une publicité universelle, c'est étendre le poison d'une composition licencieuse, aux générations à venir.

Aussi le plus grand des poètes épiques, Homère, est-il à la fois, un grand peintre de la nature, un grand philosophe, un grand moraliste. Dans son Iliade, il repose l'esprit du lecteur des combats tumultueux qu'il a décrits, en revenant avec amour sur les anciens usages de l'hospitalité, en nous montrant ici un laboureur qui trace un sillon, là, un berger qui ramène à l'étable ses troupeaux, plus loin une femme industrieuse qui tourne la quenouille avec activité.

Après L'Iliade, où son génie se déploie dans toute sa magnifique simplicité, Homère composa l'Odyssée, où il nous expose les tribulations du sage Ulysse, et nous initie en même temps à tous les secrets de la vie domestique des anciens. Le ton de l'Odyssée appartient à la haute comédie, et les récits familiers que le grand poëte y sème à chaque pas, rendent son poème plus fécond que -l'Iliade, en moralité et en instruction.

Nous n'aurions pas grand'chose à dire du genre lyrique, si nous ne l'envisagions qu'au point de vue de l'enthousiasme du sentiment poétique, qui délaisse la terre, pour colorer les objets les plus simples d'une teinte céleste, et qui livre l'imagination à ses fantaisies les plus effrénées. Mais il est, dans la poésie lyrique, une manière chaleureuse de faire parler à la vertu un langage inspiré. Alors le poëte ne se passionne plus seulement pour le monde des chimères ; il invoquera les grands souvenirs de la Patrie, il pleurera sur les désastres encore saignants, il consolera les âmes gémissantes, par la prophétie d'un glorieux réveil, il saluera, après les désordres des guerres civiles, le retour d'une paix réparatrice ; ou bien, délaissant le terrain du Patriotisme, il chantera tout ce que l'amour pur a de digne et de grand, l'amitié de noble et de saint, il vantera les avantages d'une médiocrité dorée, il estimera la religion de la vertu et de l'étude, supérieure à l'idolatrie des richesses... Puis, descendant des hauteurs de la Morale à l'abandon de l'intimité, il prendra un ton plus affectueux, il fera de touchants récits de la vie du Sage, qui sait borner ses désirs, et vivre en repos avec ses semblables, à l'abri de l'ambition et de la jalousie ; il épanchera son âme dans l'âme d'un ami avec une sensibilité communicative ; en un mot, après avoir célébré les grands hommes, brûlé un encens pieux sur l'autel de la Patrie, entonné un hymne touchant en l'honneur de la vertu opprimée, il nous fera aimer dans ses odes la simplicité du cœur, la modestie des désirs, et la satisfaction du devoir accompli. Voilà, messieurs, le rôle humanitaire qui est dévolu aussi à la Poésie lyrique, et, on peut le dire sans témérité, Horace est la réunion la plus complète de toutes les nobles qualités qui rendent ce genre utile à la Société.

De nos jours, les méditations de Lamartine ont été accueillies, dans le Monde entier, par toutes les âmes sensibles et mélancoliques ; sa Muse, plus tendre que celle de Lord Byron, son illustre rival, n'a pas chanté le désespoir.... Mais le héros-barde de la brumeuse Albion, qui, sous la noble figure de Childe-Harold, combattit jusqu'au dernier soupir pour l'affranchissement de la Grèce, n'avait pas dans le cœur l'indifférence et la désillusion amères que son esprit s'est plu à revêtir sous le masque sceptique de Don Juan.... N'a-t-il pas soupiré pour l'Angleterre des adieux touchants qui sont dans toutes les mémoires, pour offrir son sang, son or, sa fortune, sa vie, à la liberté d'un peuple asservi....

Avait-il la sensibilité blasée celui, qui, à l'instant suprême du départ, commence par la strophe suivante :

> Adieu, adieu! my native shore
> Fades o'er the waters blue;
> The night-winds sigh, the breakers roar,
> And shrieks the wild sea-mew.
> Yon sun that sets upon the sea
> We follow in his flight;
> Farewell awhile to him and thee,
> My native Land—Good Night!

Le genre Dramatique tire son importance de son extrême publicité, car le Théâtre, soit qu'il nous fasse pleurer, soit qu'il nous fasse rire, a la prétention légitime de nous donner des enseignements sous une forme sérieuse ou badine. Dans ces derniers temps, la question de la moralité du Théâtre a été souvent agitée ; c'est une des plus difficiles à vider, car admettre que le Théâtre est une École de Mœurs, dans toute l'extension du mot, c'est une opinion hardie, si on la formule carrément en principes ; et soutenir d'un autre côté qu'il porte une atteinte préjudiciable à la pureté des mœurs publiques, c'est n'écouter, que les passions de parti, quand il faut déposer toute prévention à la porte de la justice. La moralité du Théâtre dépend surtout de la moralité de l'auteur, et trop souvent, Messieurs, la scène tragique et la scène comique ont été déshonorées par d'affreuses rapsodies, par des pièces cyniques, qui ont foulé tout aux pieds, les sentiments les plus sacrés, comme les croyances les plus généreuses.

Sans entreprendre ici la défense du Théâtre, dont je me propose plus tard de vous signaler historiquement les séductions bonnes et mauvaises, je poserai ici, Messieurs, les règles du genre, en tant qu'action directe sur la société : la tragédie et la comédie sont les deux contrastes dont le Théâtre s'est emparé· L'ingéniosité moderne a retiré le Vaudeville bouffe et pétillant de la comédie, et a fondu le Cothurne tragique et le Brodequin Comique des Grecs et des Latins, dans une composition mixte, qui fait succéder, aux yeux des spectateurs, les angoisses de la douleur, à l'ivresse de la gaité. Eugène Scribe, naguère enlevé aux lettres dans le déclin de l'âge, mais encore dans la force du talent, est l'organisation la plus riche qui se soit produite encore pour le Vaudeville. Cet étincelant feu d'artifice de saillies quelquefois profondes, est l'expression la plus vive du caractère français, enjoué, sans frivolité.

Shakespeare est le père du drame, dont l'équilibre sensé entre le triste et le joyeux, semble plus sympathique au naturel posé, calme et sérieux, sans morosisé, du peuple anglais. Mais malheureusement, beaucoup d'écrivains qui, depuis la révolution romantique dans les lettres et dans les arts, ont écrit pour le Théâtre, ont représenté des situations forcées, peint des caractères faux, introduit des finesses de mauvais goût, des portraits crus, des propos obscènes, sur la scène théâtrale.

Il y a, dans la Comédie, un genre de moralité, qui n'est pas du domaine de la tragédie. Ce genre, Plaute, chez les Romains, l'a possédé à un degré exquis. Dans une pièce tragique, des discours touchants, des scènes pathétiques, enlèvent l'âme, et la passionnent pour la vertu: c'est là le but que doit se proposer l'auteur. Dans la Comédie, au contraire, la moralité s'insinue par l'égoïsme, en étalant sous nos yeux les dangers, les désagréments, les traverses, les contrariétés, les pertes, la douleur, que le mal engendre. Son arme tranchante, c'est le ridicule. Or, Messieurs, le Ridicule a tué plus de gens que l'indignation du plus sévère Moraliste n'en a exterminés. Qu'on verse sur le Méchant les torrents d'une sainte colère, il résistera avec un acharnement égal ; mais qu'on lui lacère le visage du fouet sifflant de la plaisanterie, alors on le verra pálir, chanceler, et le plus souvent tomber inanimé. La moralité, que Plaute a mise en action, c'est celle dont je viens de vous parler, c'est celle qui se fait le mieux comprendre par le commun des hommes, c'est celle qui donne de meilleurs résultats. Térence n'est que l'ingénieux copiste d'Aristophane, qui, chez les Grecs, avait outragé Socrate dans ses pamphlets scéniques ; Plaute, au contraire, est tout entier le fils de ses œuvres. Térence agit sans méthode, et se laisse souvent aller aux caprices désordonnés de son esprit, en immolant la morale à l'envie déréglée de faire rire quand même. Plaute, au contraire, est un utile précepteur de philosophie pratique, un sage conseiller, qui fut l'idole de son temps, sans jamais avoir affiché le mépris de la vertu calomniée. L'auteur s'est toujours proposé d'instruire les Romains, en les faisant rire. Toutes ses pièces ont un fond sage et probe. Telles sont : *Les Captifs*, bel exemple de fidélité d'un Esclave envers son maitre, et de la Reconnaissance du maitre envers son Esclave, *le Trinumus*, leçons données aux dissipateurs, *le Rudens*, prédication éloquente du dogme de la Providence, *l'Aullulaire*, satire de l'Avarice et en même temps, Éloge d'une sage libéralité.

Le Genre pastoral s'attache exclusivement à la

peinture des scènes champêtres, mais par cela même, il ramène l homme à la nature, et l'arrache aux préoccupations d'une civilisation raffinée. Les petits tableaux de la vie des champs que nous présente le poète, écartent tout-à-fait les agitations, les soucis, les tracasseries de la vie du ci-tadin, et la lecture d'une fraiche et suave idylle est un baume pour l'âme qu'elle recrée et repose.

Le genre pastoral comprend aussi l'éloge didactique de l'Agriculture. Hésiode et Virgile, après lui, ont chanté cet art nourricier du genre humain. Les Géorgiques de ce dernier poète, qu'il mettait bien avant son Enéide, ont surtout été composées dans le but de ramener parmi les Romains leur premier amour et leur premier talent pour l'Agriculture. L'ordre commençait à renaître, après les fureurs des guerres civiles, qui avaient dépeuplé les campagnes. Mécène, l'illustre protecteur de Virgile, engagea son ami à rappeler les esprits vers les soins agricoles, par la publication d'un ouvrage qui cachait une portée politique, sous la forme d'une Etude des Travaux du Laboureur. Les Géorgiques furent donc écrites dans un but louable, bien que leur effet ne repondit pas dans la suite aux espérances du ministre, et aux intentions du poète.

Le genre de l'Apologue est, Messieurs, le moyen dont les quelques auteurs se sont servis, pour persuader une Société, encore dans l'enfance. Je ne veux pas, pour cela, bannir la Fable de nos sociétés modernes, mais il est évident qu'elle ne peut être de nos jours qu'un artifice de l'esprit, qui cherche à parer la vérité austère des voiles riants de la fiction. Mais alors qu'il était nécessaire de frapper des hommes grossiers et

superstitieux par des comparaisons empruntées
au règne végétal et animal, que la raison bornée
des premiers peuples avait spiritualisés, la fable
se présentait comme un organe excellent pour
professer la Morale. Esope n'est pas, comme on le
croit communément, l'inventeur de l'Apologue ;
car cette ressource auxiliaire avait déjà été
employée par des auteurs plus anciens, qui
avaient voulu, comme accessoires à leurs enseignements moraux, faire saisir la vérité, à l'aide
d'ingénieux mensonges. Mais à Esope revient
l'honneur de s'être servi avec une habileté spéciale,
de cet argument oratoire, de ce procédé logique,
sans s'écarter jamais des règles d'une énergique
simplicité !

Si nous passons maintenant aux Romains, nous
ne pourrons trop nous extasier sur la perfection
de leur fabuliste, Phèdre, qui déguise sous les
graces sans fard de son style, la pénétration profonde de l'observateur. Trop souvent les critiques
qui s'étendent avec complaisance sur l'éloge
pompeux d'Horace et de Virgile, laissent dans
l'ombre Phèdre, qui, lui aussi, est un des plus
beaux génies du Règne d'Auguste. Dans le siècle de Louis XIV, ce brillant reflet du siècle de
Périclès et d'Auguste. La Fontaine n'a-t-il pas
été nommé L'Inimitable, à côté de l'élégance
attique de Racine, et de la causticité gauloise de
Molière ?

Revenant enfin vers la Satire, écrite en Vers,
je tâcherai de faire ressortir par un parallèle
entre Horace et Juvénal, le principe, que, pour
moraliser les hommes, il faut moins les poursuivre
avec un sauvage acharnement, que les attirer à
la vertu par une douce persuasion. Le vice qu'on

blâme avec aigreur, est indocile, et ne s'amende jamais ; mais il se laisse insensiblement désarmer par une bienveillante allocution, ou il cède à la peur du Ridicule, si l'on fait vibrer avec art cette corde sensible.

Horace, philosophe épicurien, il est vrai, comme le prouvent assez ses éloges répétés de la bonne chère et du bon vin, est pourtant le plus aimable représentant, que je connaisse, d'une philosophie avenante et amicalement conseillère. Malgré son goût prononcé pour le Phalerne et le Cassique, Horace est vertueux, mais sa vertu n'a rien de hérissé ni de farouche. Rien, dans ses Iambes spirituels, ne décèle l'Athéisme, et n'annonce la corruption de l'âme, malgré la liberté des propos ; ses satyres et ses épitres ne sont que des discours philisophiques, auxquels il a adapté un genre particulier de versification. Successeur d'Ennius et de Lucilius, qui avaient apporté de l'amertume dans la satire, Horace assaisonna la critique morale d'un sel particulier, et sa fine raillerie est certainement un moyen plus convenable pour corriger les hommes, que les bilieuses invectives de Juvénal, qui ne se lasse pas un seul instant de foudroyer dans ses sorties atrabilaires, le luxe, l'intempérance, et tous les excès de son époque.

Est-ce là un moyen de réformer l'humanité, que de l'exaspérer par le fiel le plus amer, versé sur ses plaies purulentes ? Voici comment Boileau, le législateur du Parnasse, a peint cet irascible poëte, qui au moins s'échauffe pour le bon Motif. Ce portrait est tracé de main de maitre, avec une rare vigueur :

Juvénal, élevé dans les cris de l'Ecole,
Poussa jusqu'à l'excès sa mordante hyperbole ;
Ses ouvrages, tout pleins d'affreuses vérités,
Etincellent pourtant de sublimes beautés ;
Soit que, sur un édit arrivé de Caprée,
Il brise de Séjan la statue adorée ;
Soit qu'il fasse au conseil courir les Sénateurs,
D'un tyran soupçonneux pâles adulateurs,
Ou que, poussant à bout la luxure latine,
Aux portefaix de Rome, il vende Messaline ;
Ses écrits pleins de feu, partout brillent aux yeux...

Ma tâche est accomplie, Messieurs, pour cette première partie de mon travail ; et je crains d'avoir mis votre patience à une rude épreuve, en réclamant si longtemps votre attention. Mais le sujet que j'ai choisi, comportait de grands développements, et il ne m'a pas été possible de vous en offrir un abrégé plus succinct. Je serai heureux, si dans vos appréciations, j'ai pu jeter quelques lumières sur la question épineuse que j'ai soulevée devant vous. C'est là, Messieurs, le seul but qui a présidé à ce travail, et en présence des orateurs et des publicites, qui m'entourent dans cette enceinte, et dont la voix, aussi bien que la plume, invariablemement dévouées à la défense de la vérité, ont toujours donné l'exemple d'une fière indépendance, je serai heureux, si cette Etude critique sur la Morale des lettres, pouvait leur conquérir, dans la personne des jeunes gens, présents à ma lecture, des disciples zélés, et surtout des défenseurs incorruptibles. Jeunes gens, un goût inné, ou des circonstances imprévues, vous pousseront plus tard, peut être, dans la carrière de la Littérature ou de la Presse. Alors vous vous souviendrez peut-être aussi de la Morale Littéraire, que, malgré toute mon indignité, j'ai osé défendre devant vous dans la Soirée du Vingt Aout mil huit cent soixante et un.

ERRATA.

Page 3—15e ligne ; ajoutez le mot *pas*.

Page 16—33e ligne ; lisez les *exploits*, au lieu de : les *emploits*.

Page 17—33e ligne ; ajoutez : 2o.

Page 22—2e ligne ; ajoutez. 3o.

Page 25—12e ligne ; lisez : *authenticité*, au lieu de : *authencité*.

Page 29—9e ligne ; mettez le mot *de* devant celui de *Schœtter*.

Page 31—26e ligne ; lisez : *ses*. au lieu de *leurs*.

Page 33—21e ligne ; ajoutez : *nous*.

Page 44—44e ligne ; lisez *sérénité*, au lieu de : *sénérité*

Page 59—18e ligne ; lisez : *morosité*, au lieu de : *morosisé*.